De la cristiandad a la misión apostólica

Estrategias pastorales para una era apostólica

© 2020 por la Universidad de María y Monseñor James P. Shea.
Primera publicación en 2020

Todos los derechos reservados. Ninguna parte de este libro se puede reproducir de ninguna manera sin el permiso escrito de los propietarios del derecho de autor.

Publicado en los Estados Unidos de América
por University of Mary Press
7500 University Drive
Bismarck, ND 58504
www.umary.edu

ISBN: 978-1-7348826-2-9

Nihil Obstat & Imprimatur

✠ Excmo. Y Rvdmo. Mons. David D. Kagan, D.D., P.A., J.C.L
Obispo de Bismarck
28 de enero 2020

El *Nihil Obstat* (nada obsta) y el *Imprimatur* (imprímase) son declaraciones oficiales de que un libro está libre de errores doctrinales. Aun así, tales afirmaciones no implican que quienes han concedido el Nihil Obstat y el Imprimatur estén de acuerdo con el contenido, opiniones o declaraciones expresadas en la obra, sino que simplemente confirman que no contiene nada contrario a la fe o la moral. El Nihil Obstat y el Imprimatur se han otorgado a la versión original escrita en inglés.

Traducción al español: Viviana Sotro

Título original en inglés: "From Christendom to Apostolic Mission. Pastoral Strategies for an Apostolic Age"

Diseño: Jerry Anderson

Impreso en Canadá

Imágen de la tapa

LOS PRIMEROS CRISTIANOS EN KIEV

Por Vasily Perov, 1880
Pintura al óleo en lienzo, 156 x 243 cm
Museo Ruso, San Petersburgo, Rusia

Prefacio

Hermanos y hermanas, la cristiandad ¡ya no existe!

— PAPA FRANCISCO (a la Curia Romana)

ESCRIBO estas palabras desde el silencio y la reclusión de un retiro de treinta días en la ciudad de Jerusalén. Desde la ventana de mi habitación puedo ver el sol elevándose sobre el monte de Sion y la Abadía Benedictina de la Dormición de María.

En Sion hay lugares que no puedo ver desde aquí. En la mañana soleada, justo debajo de la sombra de la abadía, se encuentra la sala en la que se piensa que está la tumba del rey David, el amado del Señor. Hacia arriba, junto a las escaleras, está el Cenáculo, la habitación superior, el lugar de la Última Cena y Pentecostés, el lugar de nacimiento de la Eucaristía y de la Iglesia.

Fue alrededor del Cenáculo donde se reunión la primera generación de cristianos y se dice que regresaron y se establecieron en ese vecindario después de la destrucción de Jerusalén en el año 70 d. C., cuando las ruinas de la ciudad Santa eran poco más que un campamento para la Legión Romana X.

Pienso en ellos, hombres valientes y mujeres de fe, tan enamorados del Señor resucitado, y desde quienes el Evangelio ha salido a toda la tierra. Estaban viviendo en medio de un montón de cenizas, el gran Templo reducido a una montaña de piedras, el mundo entero hostil a sus creencias y manera de vivir. Aun así, ellos ardían brillantemente con esperanza, porque tenían al Espíritu Santo.

En medio de estos días de retiro, con estas vívidas memorias en mi mente, me he dedicado a leer una vez más un manuscrito que ahora les confío a ustedes. Es el fruto de largas conversaciones entre un grupo de buenos amigos que aman a Cristo y a la Iglesia y que han meditado juntos sobre las circunstancias en las que los creyentes de Jesús nos encontramos ahora.

En 1974, el arzobispo Fulton Sheen dijo en una conferencia: "Estamos en el final de la cristiandad. No del cristianismo, no de la Iglesia, sino de la cristiandad. ¿Ahora, que significa cristiandad? La cristiandad, es la vida económica, política y social inspirada por los principios cristianos. Esto está terminando, la hemos visto morir." Pero él continuó diciendo: "Estos son días muy grandes y maravillosos para estar vivos.... No es una pintura sombría; es una pintura de la Iglesia en el medio de una creciente oposición por parte del mundo. Por lo tanto, vivan sus vidas con plena conciencia de esta hora de prueba y batallen cerca del corazón de Cristo."

Esta hora de prueba nos llama a recuperar en nuestra era la mentalidad apostólica y la brillante esperanza de aquellos primeros cristianos en el Cenáculo. Los pensamientos y principios en este ensayo se ofrecen con ánimo fraternal y como ayuda a todos los involucrados en este tipo de trabajo. Solo puedo decir con gratitud que en la medida que esta visión ha guiado nuestro trabajo en la Universidad de María, hemos visto frutos maravillosos.

¡Alabado sea Jesucristo!

Monseñor James Shea, Presidente de la Universidad de María

En Jerusalén, 11 de julio de 2019,
en la fiesta de San Benito,
Patriarca del monacato occidental,
Patrón de Europa

Tabla de contenidos

Prefacio de Monseñor Shea

Introducción   1

I   El lugar de la visión imaginativa reinante en las culturas humanas   7

II   Cristiandad y modo apostólico: ventajas y desafíos   19

III   El ambiente actual   29

IV   Desarrollo de una estrategia pastoral para estos tiempos de transición   35

V   Trabajo clave: la conversión de mentes para ver de una manera nueva   65

Conclusión: preparación para abrazar el tiempo que se nos da   89

Sobre la Universidad de María   93

Introducción

No estamos en una era de cambios, sino en un cambio de era.

— DOCUMENTO DE APARECIDA
Obispos Latinoamericanos y del Caribe

LA IGLESIA, desde el tiempo de su fundación por Cristo, ha estado siempre rodeada de conflictos y comprometida con las dificultades. A cada momento, El que vino como la luz en la oscuridad para establecer el reino de la verdad y el amor, se ha opuesto a la oscuridad. La luz continúa brillando, su origen es el mismo Dios y la oscuridad no puede superarlo (cfr. Jn 1). Pero la extensión de esa luz, la manera en que dispersa sus rayos, los tipos de oposición que encuentra y por lo tanto las maneras que usa para mantener su luz brillando y dispersar su influencia ampliamente, cambia de lugar a lugar y de época en época. Por esto es importante para los que son miembros del Cuerpo de Cristo, los que comparten su vida divina y son llamados por él a ser la luz del mundo (cfr. Mt 5), que tomen tiempo para reflexionar sobre los tiempos en los que viven y para elaborar estrategias pastorales y de evangelización acordes con esos tiempos.

Esta es la tarea para cada generación. Cuando las condiciones sociales y la influencia de la Iglesia sobre las sociedades en las que habita son relativamente estables, las relaciones y las estrategias pueden ser buenas por un período de tiempo más largo. En una *era de cambios*, la Iglesia debe prestar atención a las maneras en que lleva adelante sus batallas para estar seguros de que no está "batallando con guerras pasadas," usando estrategias que por diversas razones son anticuadas y se han vuelto inefectivas. En un tiempo que se podría llamar *un cambio de era*, esta tarea es urgente. Estamos ahora viviendo en ese tiempo. Estamos viendo como muchas circunstancias y relaciones que existieron por mucho tiempo se están alterando, a veces con demasiada rapidez.

En la Iglesia, hubo muchas conversaciones sobre la "Nueva Evangelización." El papa Pablo VI fue el primero en articular esta idea cuando se dio cuenta de que Europa se había vuelto nuevamente un territorio de misión. Ganó un momento significativo con el papa Juan Pablo II, quien habló con frecuencia sobre la nueva evangelización. El papa Benedicto XVI estableció en el Vaticano un dicasterio para la nueva evangelización y la frase se ha vuelto un lema. La prontitud con que esta idea de una nueva evangelización se ha esparcido, demuestra que hay una gran necesidad de una estrategia diferente. Podría ser que el significado de la expresión no parezca ser tan simple. El término "evangelización" parece ser bastante claro, o debería serlo; pero ¿qué quiere decir "nueva"?

Entre otras cosas:

Estamos tratando con la primera cultura de la historia que fue en un momento profundamente cristiana pero que por un lento y exhaustivo proceso se ha liberado conscientemente de sus bases cristianas. Nuestra sociedad está llena de muchos — incluyendo a bautizados y criados con alguna cercanía a la fe — que creen que ya han visto suficiente cristianismo como para pensar que el cristianismo tiene poco para ofrecerles. Por lo tanto no estamos intentando convertir a paganos, estamos tratando de traer de regreso a la Iglesia a aquellos que, sabiéndolo o sin saberlo, están al borde de la apostasía, esto es un desafío diferente y más difícil. C. S. Lewis describió a esta diferencia como la que hay entre un hombre cortejando a una joven doncella y un hombre procurando llevar a una divorciada cínica de regreso a su matrimonio. La situación se hace todavía más compleja cuando muchos de los que abandonaron el cristianismo y han adoptado un entendimiento del mundo completamente diferente, continúan llamándose a sí mismos cristianos.

Aun más, estamos en medio de una revolución tecnológica que ha alterado radicalmente la manera de vivir de las personas y que parece acarrear todavía más efectos de gran alcance para la vida humana. Este cambio es mucho más profundo que las diferencias obvias en los elementos físicos: autos en lugar de caballos, luz eléctrica y calefacción central en lugar de leños y velas, teléfonos, televisión y computadoras como características normales del diario vivir. El cambio enorme que estos y otros desarrollos tecnológicos han causado en la organización de la vida diaria, ha impactado todos los aspectos de la personalidad humana y de todas las relaciones sociales de muchas maneras y probablemente muy profundas para comprender en su totalidad. La manera de vernos a nosotros mismos, al mundo natural, a nuestras familias, a nuestro trabajo, a nuestro contexto mental y emocional, a nuestras esperanzas por esta vida, todo esto ha sufrido un cambio radical. Los elementos e instrumentos de este cambio son bien conocidos. El desarrollo del transporte, de la información y las tecnologías de comunicación, del entretenimiento y medios de comunicación y de la producción han cambiado tanto nuestra manera de ser, que una persona que vivió cien años atrás estaba más cerca, tanto de conciencia como en la manera de ser, a los tiempos de Cristo que a nuestro tiempo. El desarrollo tecnológico también ha traído un ataque, con frecuencia inconscientemente, en la misma naturaleza humana. Las creencias de larga data sobre qué significa ser humanos, están bajo asedio.

Este desarrollo extraordinario de los procesos científicos, especialmente en la tecnología electrónica, ha acarreado una explosión sin precedentes de imágenes e información que asechan la mente de cada individuo, incluso de los niños, y que están ligadas a premisas de cómo ser exitosos y qué significa tener una buena vida. El habitante del mundo moderno está siendo acosado incesantemente y persuadido por evangelios de varios tipos, por propuestas de esquemas de salvación y caminos de felicidad que se presentan envueltos de una manera muy atractiva pero con envolturas engañosas.

Parecería ser que las batallas más importantes que enfrenta nuestra cultura son intelectuales y, aunque este hecho puede quedar escondido bajo el obvio carácter moral de alguna de ellas, así lo es. Cada época fue dolorosamente tentada por la inmoralidad sexual, pero ha sido en nuestra época que se construyó una sofisticada justificación intelectual para el libertinaje sexual. Todos los tiempos conocieron la crueldad hacia los niños cuyas existencias eran un inconveniente para los adultos que debían cuidarlos, solamente en nuestra época se ha ideado una manera de pensar que hace del asesinato de los niños algo aceptable y, más aún, como un acto de buena moral cuando se lo incluye en la campaña de la autonomía personal. Todas las épocas sufrieron la soberbia humana y la exageración, pero solamente en nuestra época los humanos han desarrollado tecnologías y mentalidades inclinadas a la reproducción humana de manera genética y robótica y desde su inicio. Todas estas son heridas intelectuales y los que tienen la esperanza de hacer una apelación Cristiana a los miembros de la sociedad moderna deberán montar un contra-ataque intelectual; "intelectual" aquí no significa "académico." Nuestras instituciones académicas a menudo están tan deterioradas en su propósito (aparte del entrenamiento técnico) que no se puede espera de ellas mucha sabiduría o luz. Por muchas razones estas instituciones pueden tender a deformar más que a iluminar las mentes de aquellos que están bajo sus influencias. Más bien, lo que se necesita es el tipo de vida intelectual que caracterizaba a la Iglesia en los primeros siglos, una vida que, en cierto grado, poseían todos los cristianos. No es simplemente o principalmente un título universitario, sino una conversión de la mente para alcanzar una visión cristiana de la realidad y una disposición a vivir todas las ramificaciones de esa visión. Una propuesta cristiana convincente llama a contrarrestar la visión secular, a ayudar a los cristianos a comprender y rechazar los falsos evangelios. Se necesita una re-articulación de la verdad que pueda ofrecer a aquellos que se están consumiendo bajo la pobre alimentación de la dieta espiritual moderna, una manera de salir de su predicamento.

No debería ser una sorpresa para nosotros — es más, deberíamos esperarlo — que la Iglesia, aunque posee una antigua tradición y una fe que no cambia, sea todavía la institución más joven y lozana en la tierra por virtud de la siempre nueva presencia en ella del Espíritu Santo, y que deba responder a esta situación tan nueva con nuevas formas de vida y estrategias misioneras que capturen a la era contemporánea con sus verdades perennes. Es lo que siempre ha hecho la Iglesia en cierta forma para responder a las necesidades del día.

Este manuscrito desea contribuir con estrategias pastorales efectivas y evangelizadoras para interactuar con nuestro tiempo y cultura.

I
El lugar de la visión imaginativa reinante en las culturas humanas

CADA SOCIEDAD humana posee, con mayor o menor apego, una visión imaginativa moral y espiritual, un conjunto de creencias y una manera de mirar las cosas que se llevan por costumbre más que por argumentos. Estas creencias fundamentales proveen la atmósfera en la que los miembros de la sociedad respiran y el suelo en el que las diferentes instituciones de la sociedad echan sus raíces y crecen. Dicha visión es holística, una manera de ver las cosas. Generalmente está respaldada por una religión que ordena las preguntas más profundas, pero que incluye más de lo que habitualmente llamamos religión: no solo un código moral, sino también un ideal de buena persona que ha sido aceptado, categorías claras de éxito y fracaso, prácticas y valores económicos y políticos, códigos legales y políticas públicas y maneras de entretenimientos. Dicha visión es propiedad no solo de algunas pocas personas educadas de manera especial, sino de toda la sociedad. Algunos lo entienden y lo pueden articular mejor que otros, pero todos la poseen. En una civilización pujante esta visión imaginativa es, en mayor o menor medida, un asunto resuelto y cuanto más tiempo pasa, se la asume de manera más profunda e inconsciente. Cuando a la visión de una cultura se la cuestiona seriamente, la sociedad pasará por una crisis hasta que la visión original es reconstituida o derrumbada y una nueva visión dominante toma lugar.

El llamar a dicha visión "imaginativa" no quiere decir que es una "fantasía," se refiere en cambio a la notable capacidad humana de mantener en nuestras mentes mucho de lo que no está inmediatamente a nuestro alrededor. Los animales están dominados por el tiempo y los sentidos, su mundo está limitado a lo que sus sentidos perciben en un momento dado. Pero los humanos son capaces de trascender las circunstancias inmediatas en tiempo y espacio y a llevar un mundo completo en sus mentes, regresando al pasado y avanzando en el futuro, abarcando otros lugares y viendo aun realidades invisibles. A esto se debe que cada individuo es llamado un "microcosmos" del universo, porque cada uno de nosotros acarrea un cosmos completo dentro de sí mismo y medimos como debemos actuar dependiendo de las características de ese cosmos. Mucho de lo que significa una conversión de la mente es recibir y adoptar la visión imaginativa cristiana del cosmos: ver al mundo entero de acuerdo a la revelación dada por Cristo y responder a esa visión con consistencia.

Es típico que la mayoría de los miembros de una sociedad asuman su visión imaginativa sin dificultad y a menudo inconscientemente. Una minoría tendrá un gran celo por mantener las verdades y prácticas implantadas en la visión reinante, mientras que un gran número prestará poca atención consciente a ella y se desviará con la corriente prevaleciente. Muy pocos la negarán por completo.

Para dar un ejemplo limitado: en Estados Unidos, la democracia, como forma de gobierno y como ideal de vida, es parte de la visión que hemos recibido. La mayoría de los estadounidenses difícilmente puedan imaginar una manera deferente de gobernar o de ver las cosas: intenta sugerir que estaríamos mejor con una monarquía y veremos qué tan lejos esta sugerencia puede llegar o si, aunque sea, es tomada seriamente. Un número relativamente pequeño de personas comprende realmente lo que significa la democracia, cuáles son sus posibilidades y riesgos o como se establece y se preserva, pero casi todos la asumen y ordenan sus vidas bajo su influencia. Alguien puede decir algo similar de nuestra visión sobre la importancia de la educación, o la prioridad de la salud física, o de la ética imperativa de estar preocupados por el medio ambiente; muchos no siguen estos ideales con mucha energía, pero aun así los asumen. Ellos no proponen una visión diferente aun cuando son negligentes hacia ella.

La visión reinante de una sociedad vendrá de muchas fuentes: religión, corrientes filosóficas, tradiciones que se siguen a través del tiempo, experiencias sociales y políticas que se destilan con el paso del tiempo, como así también las influencias lingüísticas, geográficas y artísticas. Es importante notar que dicha visión holística, ya sea que la posea una sociedad, o un grupo de personas en una sociedad, o un individuo, es la base de acción de la sociedad, de los grupos o de la persona. No es necesario que la visión — y con frecuencia no lo es — sea completamente consistente con sus principios filosóficos o religiosos, puede ser que no se la pueda destilar fácilmente en un grupo de proposiciones o que quede expuesta como un programa coherente para ordenar una vida o una sociedad. Lo que importa es que reúne una visión general de manera que al individuo y a la sociedad se le da una base para moverse, tomar decisiones, preferir un camino a otro. Su poder está en su capacidad de mantener un mundo en una narrativa más o menos convincente. Aquellos que actúan de cierta manera—usualmente no saben porque encuentran su camino tan obviamente—están bajo la influencia de un conjunto de principios, a menudo escondidos profundamente en sus mentes y sobre los que actúan en vez de cuestionarlos.

Otra manera de describir esto es notando que cada sociedad, cada grupo dentro de una sociedad y cada individuo lleva una narrativa interior que le da un sentido de propósito y dirección. Debido a que los humanos son creaturas que se abren camino a través del tiempo y del espacio, que son por naturaleza seres históricos con un pasado y un futuro, estamos necesariamente envueltos en una historia y no podemos escaparnos de la construcción de una narrativa que sirva de brújula y señale a lo largo del camino. Hay, sin duda, mejores y peores narrativas y estas son susceptibles, con el paso del tiempo, a su examinación y a su desarrollo; pero ninguno de nosotros puede funcionar sin una narrativa de algún tipo, aunque así lo deseáramos o lo afirmáramos. Para muchos, esta narrativa se asume, a menudo inconscientemente, de la visión imaginativa general que reina en la sociedad. En lo que la vida sigue, dependiendo de la mentalidad y las oportunidades, algunos pondrán bajo escrutinio varios aspectos de esta visión que han heredado y la sostendrán con más firmeza y con mayor entendimiento o quizás la ajustarán y corregirán al punto de, en ocasiones, rechazarla por completo para adoptar una visión y una narrativa diferentes. Pero la mayoría nunca examina la visión reinante porque no sabe que existe; no es vista como algo a *través de lo cual* todo lo demás es visto. Aparece, si lo hace, como algo simplemente obvio.

    Señalar la existencia de esta gran e inconsciente visión narrativa reinante, no es para quejarse de ella: tiene que ser de esta manera. Solamente unos pocos tienen el tiempo, los recursos y el talento para minuciosamente ordenar las bases de la vida de una sociedad o tan siquiera de la vida de un individuo. Aun así, cada uno debe actuar. Una función beneficiosa de las tradiciones y prácticas culturales de todo tipo, ya sean religiosas o nacionales o familiares, es que proponen a los nuevos miembros una visión probada de toda la vida y por lo tanto dan criterios claros de lo que es el éxito y el fracaso y de lo que se debe considerar al momento de tomar decisiones, en breve: para la acción.

Las firmas encuestadoras con frecuencia preguntan: ¿las cosas en general están yendo en una buena o mala dirección? ¿La vida en Estados Unidos, o en el mundo, está mejorando, empeorando o igual? Las respuestas a este tipo de preguntas siempre asumen una visión particular general y una correspondiente narrativa sin la cual no es posible dar una respuesta. Aquel que ve a la principal historia de la vida como una batalla para el éxito económico y que analiza los planes que se inclinan hacia las siempre crecientes posibilidades de poseer y de seguridad financiera, responderá a estas preguntas basándose en las variables de la economía: la riqueza está en aumento y las posibilidades de crecimiento en el futuro se ven favorables, entonces está yendo bien. Cuando las bolsas de inversiones están bajas, los mercados frágiles y la inflación alta, las cosas están yendo mal. El que ve al mundo como un campo en el que se juegan las batallas por la libertad personal, evaluará las preguntas sobre las bases de factores como el éxito o el fracaso de la democracia en Estados Unidos y en el mundo, o sobre el grado en el que la libertad individual está siendo más protegida o más invadida. El que ve el drama fundamental de la vida como un proceso de evolución que demanda un manejo apropiado del ecosistema para asegurar el futuro desarrollo de la raza humana, mirará los cuestionamientos sobre la contaminación o el clima o el uso de recursos sustentables. Para el que su narrativa involucra una revelación de la batalla cósmica por las almas entre Dios y el demonio, responderá a las preguntas de acuerdo al avance o retroceso de la cristiandad.

Lo mismo es verdadero a nivel individual. Cada vez que a una persona se le pregunta ¿cómo están las cosas? o ¿cómo va la vida?, la respuesta estará basada en narrativas asumidas e incorporadas en una visión general de la vida, una que expresa lo que significa el éxito o el fracaso personal y como se deben evaluar.

Una visión de la narrativa asumida se puede ver en juego, ya sea a nivel individual o social, cuando una propuesta o una manera de actuar se acepta inmediatamente o se descarta sin argumentos serios, aunque no sea evidente para otros individuos o para otras sociedades humanas. Para dar algunos ejemplos actuales: la esclavitud es evidentemente un mal en Estados Unidos, no argumentamos sobre esto. Si se hace la sugerencia de que la esclavitud es en general algo bueno o una cosa neutral y necesaria, esta sugerencia no encontraría argumentos serios, sería rápidamente rechazada a pesar del hecho de que muchas sociedades humanas, incluyendo algunas que existen hoy en día, han encontrado maneras de justificarlas. Por otro lado, actualmente debemos argumentar sobre ideas y prácticas cuyos valores (o falta de valores) parecerían obvios para muchas sociedades y no necesitarían una argumentación, por ejemplo el aborto o los matrimonios homosexuales. Esto no quiere decir que dichas cuestiones sean moralmente arbitrarias, o que una reflexión a conciencia sobre ellas no sea importante, o que no se pudiese o debiera argumentar sobre diferentes puntos de vista; lo mencionamos más bien para notar que para la mayoría, la argumentación no es la principal base de la acción. Cuando una manera dada de actuar o pensar forma parte de la visión imaginativa general, se asumirá como evidente en sí misma. Los argumentos, como sea que se presenten, serán ordenados para apoyar la visión previa y los disentimientos tenderán a ignorarse o ridiculizarse hasta ser acallados.

Por mucho tiempo, el objetivo principal de la educación tradicional occidental ha sido el de liberar la mente (de allí las artes "liberales", las artes que liberan) no desde una narrativa reinante, lo que es indeseable e imposible, sino desde asunciones no examinadas que pueden hacer de la narrativa reinante algo irracional e incoherente. El colapso de dicha educación en nuestro tiempo, solo significa que frecuentemente estamos tratando con individuos y grupos de personas, con frecuencia muy "educados", quienes están visiblemente inconscientes de su visión reinante y de las asunciones que traen a los cuestionamientos del día y quienes por lo tanto, son muy poco capaces de aplicar a esas asunciones el tipo de análisis que podría aumentar la claridad y purificarlas de cualquier irracionalidad. Esta función esclarecedora es una de las tareas de la razón con respecto a la fe. La fe nos da, desde el mismo Dios, la narrativa general para la raza humana: quienes somos, quien es Dios, cuál es su propósito para nosotros, como hemos llegado a nuestro estado actual y que está haciendo Dios sobre esto, que nos depara el futuro y por lo tanto como deberíamos vivir. La razón previene una narrativa errante que pueda caer en la superstición, el fanatismo o la incoherencia, y puede proveer buenas y verdaderas bases para enfrentar la vida.

Cristiandad y modos apostólicos de compromiso

Cuando la narrativa cristiana del drama humano y su correspondiente orden moral se vuelven prominentes en una sociedad y son los que proveen, en su mayoría, la visión reinante de dicha sociedad, lo que emerge puede llamarse una "cultura de la cristiandad". Algunos han usado el término cristiandad para referirse a una sociedad en la cual la Iglesia está oficialmente establecida en un estado donde se profesa una religión oficial, por ejemplo la Inglaterra medieval. Aquí significa algo más amplio. Una sociedad cristianizada es aquella que avanza bajo la narrativa y la visión imaginativa que provee el cristianismo, más allá del establecimiento político específico que tenga.

La cristiandad surgió cuando Israel, el pueblo elegido de Dios, estaba rodeado por la sofisticada cultura Helenística que tenía su propia y fuerte visión reinante; durante los tres primeros siglos la Iglesia cristiana estuvo de una manera u otra en conflicto con su entorno. Durante este tiempo la Iglesia funcionaba en modo apostólico, esto quiere decir que se abría camino en contra de la corriente de una amplia sociedad y necesitaba articular y mantener una visión distintiva y contrastante. Aquellos que llegaban a la Iglesia hicieron mucho más que adoptar un conjunto de principios morales o doctrinas. Había necesidad de una profunda conversión de las mentes e imaginación para que vieran "todo" desde una mirada diferente. En el siglo IV se vio un cambio cuando la cristiandad fue primero desafiada y luego reemplazó a la visión clásica original incorporando mucho del patrimonio cultural del mundo antiguo en su propio entendimiento. Desde aquel tiempo la civilización occidental ha sido, en cierto grado, un conjunto de sociedades cristianizadas. Esto no quiere decir que la mayoría de los miembros de dichas sociedades han sido cristianos firmes y comprometidos, significa que hubo una aceptación general de las verdades cristianas básicas y una asunción de la visión y las narrativas cristianas del mundo que estaban alrededor de donde estas instituciones sociales se reunían.

Una vez más, llamar a dichas sociedades "cristianas" no quiere decir que la mayoría de sus miembros eran cristianos seriamente educados; de hecho, es probable que nunca haya existido una sociedad humana en la que ese fuera el caso. Existe una razón por la cual todos los santos de la cristiandad con constancia y urgencia han hablado en contra de la falta de una fe genuina en su tiempo. No eran extremistas irracionales sosteniendo estándares extremadamente rigurosos, o soñadores románticos fuera de la realidad humana. Más bien, reconocieron que, aunque las principales instituciones de sus sociedades estaban bajo la influencia del cristianismo, siempre había contracorrientes y la mayoría de sus miembros estaban muy lejos de vivir como cristianos serios y convencidos. Ellos vieron que mucho de lo que ocurría bajo el nombre de cristiano era, de hecho, una lavada reducción de ello.

La presencia de una asumida visión cristiana va más allá de explicar por qué las prédicas, en un contexto de cristiandad, de Bernardino de Siena o de Vincent Farrar o de Savonarola o de John Wesley, fueron tan efectivas que ciudades completas adoptaron su mensaje y transformaron sus vidas sociales (por un tiempo). La contundente e inmediata respuesta a la proclamación del predicador mostró (aparte de la gracia de Dios) que los oyentes compartían sus asunciones fundamentales, las que estaban presentes pero a menudo dormidas en ellos. Sus corazones resonaron con el llamado efectivo a abrazar el mensaje más seriamente porque logró traer a la vida verdades dormidas, hacer realidad lo que solo era teoría, llenar lo que fue reducido o corrompido.

A este respecto, es instructivo observar la diferencia con que el Evangelio fue recibido por diferentes grupos de personas, como se relata en el libro de los Hechos de los Apóstoles. En tres instancias de su prédica se mostrará este principio en acción: Pedro predicando a los judíos inmediatamente después de Pentecostés (Hechos 2, 14-42), Pablo y Bernabé a los paganos de Listra (Hechos 14, 8-18) y Pablo predicando a los ateniense en el Areópago (Hechos 17, 22-32).

En la primera de ellas: los judíos eran personas religiosas cuya visión imaginativa del mundo era similar a la de Pedro, quien era un judío creyente. Ellos sabían lo que él quería decir cuando se refería a Dios, al cielo y al infierno, al pecado y al arrepentimiento, a la profecía y a la providencia, a la alianza y al Mesías. La proclamación del Evangelio agregó algo de vital importancia al entendimiento judío, pero fue asumido y construido sobre una visión ya existente. Las palabras de Pedro resonaron en el profundo substrato de las mentes de sus oyentes y tres mil personas se convirtieron en un día. Y una vez convertidos a la fe en Cristo, estos nuevos creyentes no necesitaron que los lleven a una manera completamente diferente de ver al mundo. En cambio, pudieron ser recibidos en la recién nacida Iglesia y rápidamente tomar sus lugares como creyentes inteligentes. Aun la oposición de algunos judíos a la predicación del Evangelio mostró que entendían lo que se estaba diciendo y sabían lo que estaba en juego. Algo muy importante podía darse por sentado: la cuestión entre ellos era simplemente si este Jesús de Nazaret era o no verdaderamente el Mesías prometido. También se puede ver un patrón similar en la prédica de Pablo en las sinagogas judías o entre los temerosos de Dios, según se relata en el libro de los Hechos de los Apóstoles. Hubo un rápido entendimiento y aunque el mensaje se aceptara o rechazara (o una mezcla de los dos) no fue difícil para Pablo hacerse entender entre sus oyentes. Lo mismo se puede decir de la conversión de Pablo. Su capacidad para empezar a predicar el cristianismo tan pronto luego de haber reconocido a Cristo como el Mesías, fue en base a su completa narrativa y visión imaginativa judías, una que los cristianos han retenido.

En segunda instancia, la recepción del ministerio de Pablo y Bernabé nos cuenta una historia diferente. Listra parece ser vista como una ciudad pagana en la que la mitología griega y su visión del mundo estaban en ascenso. Cuando Pablo predicó y luego sanó a un lisiado, la multitud se vio impresionada y movida por este hecho, pero interpretaron lo que vieron y escucharon a través de los lentes de su asumida visión pagana y estaban convencidos de que sus dioses, Zeus y Hermes, habían bajado entre ellos con forma humana. Pablo y Bernabé estaban horrorizados y apenas podían evitar que la multitud les ofreciera sacrificios, una respuesta muy diferente a la de los judíos en Pentecostés. Para que tres mil paganos devotos como estos se hubiesen convertido en un día, tendrían que haber pasado por una transformación de mente mucho más profunda que la de los judíos antes de poder ser llamados cristianos.

Por último, en el Areópago, Pablo estaba tratando con otro entendimiento imaginativo del mundo, uno que estaba dominado por una escuela filosófica por la cual Atenas era reconocida. Pablo llevó a cabo su misión de una manera diferente para poder incluir una visión sofisticada y filosófica del cosmos. La respuesta que recibió fue debida a que mantuvo las asunciones del entorno: no fue poco, pero fue menos inmediata y entusiasta que en los otros dos escenarios. Entre algunos de sus oyentes se manifestó una actitud de burla que, aunque no inesperada entre intelectuales sofisticados y religiosos escépticos, ni los judíos creyentes ni los paganos adoradores de Zeus manifestaron.

Podemos entonces notar estos dos modos básicos por los cuales la cristiandad interactúa con la sociedad humana: un modo apostólico y un modo de cristiandad. El primero es su manera de confrontar a una sociedad con una visión general muy diferente; el segundo es su manera de actuar cuando la cristiandad ha fertilizado el suelo desde el cual crecen las asunciones básicas de la sociedad. Decir esto de esta manera es por supuesto demasiado simple: las sociedades humanas son dinámicas y el grado con el que la cristiandad forma la visión y la cultura de una sociedad, nunca es completa ni estática. Aun así, se puede usar para ver a estos dos modelos como "tipos de modelos ideales" para indagar sobre cómo responder de mejor manera al modelo cultural en el que vivimos actualmente.

II

Cristiandad y modos apostólicos: ventajas y desafíos

La Iglesia no se siente dispensada de prestar una atención igualmente infatigable hacia aquellos que han recibido la fe y que, a veces desde hace muchas generaciones permanecen en contacto con el Evangelio. Trata así de profundizar, consolidar, alimentar, hacer cada vez más madura la fe de aquellos que se llaman ya fieles o creyentes, a fin de que lo sean cada vez más.

— PAPA SAN PABLO VI, Evangelii Nuntiandi, 54

Si el cristianismo, por un lado, ha encontrado su forma más eficaz en Europa, es necesario por otro lado, decir que en Europa se ha desarrollado una cultura que constituye la contradicción absoluta más radical no sólo del cristianismo, sino también de las tradiciones religiosas y morales de la humanidad.

— PAPA BENEDICTO XVI, discurso en Subiaco

UNA SITUACION DE CRISTIANDAD le da a la Iglesia ciertas ventajas pero también acarrea ciertos desafíos y abre la puerta a algunas tentaciones. Una situación apostólica y misionera causa lo mismo. La Iglesia ha lidiado con las dos en muchos lugares y tiempos diferentes. La clave es entender el tiempo en el que se está viviendo para desarrollar estrategias pastorales y evangélicas que sean apropiadas para el ambiente espiritual y cultural que es prevaleciente. Antes de mirar cuales podrían ser los elementos de dicha estrategia, sería de ayuda delinear en detalle estos dos tipos de ideales.

Concerniente a una cultura de cristiandad

La cristiandad llega debido al éxito de las actividades misioneras de la Iglesia convirtiendo individuos y reviviendo la cultura general. Existe un bien mayor que es obvio en una sociedad cristianizada: es solamente bueno que una cultura humana llegue a un mayor alineamiento, en vez de uno menor, con la verdad y bondad de Dios. Es apropiado que el Señor del cielo y de la tierra sea reconocido como tal y que su presencia y las expresiones de su reinado sean formativas para la vida humana. En el grado en el que una sociedad humana esté fundada sobre la verdad cristiana y que sus miembros hayan aceptado deseosamente esa verdad a tal punto que su visión del cosmos corresponda a la manera en que Dios ve las cosas, esta sociedad y sus individuos han superado la ignorancia y se han alineado con la realidad.

En una cultura cristianizada, la necesidad primaria es de mantenimiento, en el buen sentido de la palabra. En dichos tiempos, la cristiandad está sobre la base de las instituciones claves de la sociedad y estas dominan su mayor narrativa. Su función, en las palabras del papa Pablo VI, que se han citado más arriba, es "profundizar, consolidar, alimentar, hacer cada vez más madura la fe de aquellos que se llaman ya fieles o creyentes." Durante este tiempo la Iglesia bautiza muchas instituciones sociales, es la fundadora de otras y luego batalla para mantener y profundizar su influencia. Esta función nunca ha sido fácil; la cristiandad no es natural para un mundo caído y hay muchas fuerzas, tanto humanas como espirituales, que están trabajando constantemente para socavar y desplazar la influencia de Cristo sobre la humanidad, de manera individual y colectiva. La tendencia de reducir o asimilar el Evangelio a las creencias y prácticas culturales no cristianas es una constante presencia corrosiva, única para cada tiempo y lugar y a menudo sutil en su accionar. Con frecuencia, la sociedad adopta muchos elementos cristianos genuinos y se llama a sí misma verdaderamente cristiana, aun cuando niega el corazón de la fe. La humanidad caída tiene siempre la tendencia de idolatrar lo que es visible mientras que se olvida de las realidades invisibles más importantes. La cristiandad no es una estado social que se gana una vez y para todos, sino más bien un ideal que nunca se logra completamente, uno que se necesita renovar, fortalecer y corregir en cada momento. Hacer esto bien, ha demandado su propio modo de heroísmo, como todos los santos de la cristiandad han demostrado claramente con sus vidas y enseñanzas.

Una sociedad cristianizada promueve grandes logros culturales. En dichos tiempos, la cristiandad deja sus marcas en las instituciones educativas, en la ley y el gobierno, influye sobre el arte, la arquitectura y la literatura. En cuanto el ideal cristiano llega a la base de la sociedad, el resultado es una remarcada fertilidad cultural. Dicha sociedad desarrollará sus instituciones y expresiones, casi inconscientemente, con una fortaleza y unanimidad características que parecen misteriosas. Es difícil, en la historia, explicar adecuadamente el por qué, por ejemplo, la esclavitud lentamente desapareció en el mundo occidental, o las universidades se desarrollaron, o los parlamentos se empezaron a desarrollar. Hay algo misterioso en la manera en que las catedrales góticas se construyeron en una ciudad tras otra, o como los hospitales y orfanatos y otros lugares de caridad brotaron como algo natural; o como los pueblos crecieron como cosas orgánicas de una roca viva con un espíritu reinante siempre en evidencia, pero no siempre explícito. Estos y otros innumerables desarrollos culturales se fueron trabajando desde las profundas asunciones culturales que se tenían y desde una visión integrada del cosmos que los líderes culturales y los artistas y artesanos intuían y materializaron e institucionalizaron. Una vez fundadas, estas instituciones tendían a ser longevas y así se podían desarrollar por generaciones y siglos ganando autoridad y una profundidad cultural significantes.

En una sociedad cristianizada la ley fundamental y el entendimiento moral básico están cimentados en la verdad cristiana. Esto es una ventaja por muchas razones, no menos para la vida familiar y la crianza de los hijos. Rodeados de buenos ejemplos, buenas influencias y con ideales de la sociedad claramente establecidos – y quizás seguidos por todos – los cristianos pueden contar con el apoyo de la cultura en general. Lo que los padres cristianos enseñan a sus hijos en la casa, resonará también con los ideales que sostienen las autoridades de la sociedad. Para los que crecen bajo esta influencia, la visión cristiana tenderá a ser parte de las bases de la mente. En cuanto los fundamentos de la fe se vuelven los primeros principios del pensamiento y de las acciones, prevalecerá una resonancia instintiva con la verdad cristiana por la que raramente tendrán que discutir.

En la cristiandad, los creyentes están fundamentalmente en paz con respecto a su fe. Aunque la tranquilidad puede llevar a la complacencia, existe sin embargo un bien objetivo al vivir en paz, expresar la fe libremente y fundar y desarrollar instituciones que honran a Cristo sin tener que enfrentar constantes batallas. La hostilidad de un mundo oscuro está, en cierto grado, al margen.

En la cristiandad, las bendiciones del reinado de Dios se esparcen ampliamente, permitiendo que ciertas bondades impregnen toda la sociedad. A pesar de los muchos pecados y las fallas de los cristianos, la presencia de Cristo endulza la vida humana. Las personas están generalmente más alegres. Sin embargo, la cristiandad también acarrea duros desafíos, debido en parte a su éxito. Cuando el cristianismo se vuelve la principal corriente cultural muchos se vuelven tibios en el seguimiento de su fe, casi como que siguen la corriente. La devoción cristiana se puede volver una tradición que pierde su carácter radical y por lo tanto su dinamismo y atractivo. El gran pecado de la cristiandad es la hipocresía pretendiendo estar más interesados en Dios y en las virtudes de lo que en verdad se está. Profesar el cristianismo es la norma, vivir la fe como un verdadero discípulo, la excepción.

Como resultado, se eleva una distinción entre el cristiano nominal y el cristiano seriamente comprometido, distinción que no se encuentra en los primeros años de la vida de la Iglesia. En una sociedad cristianizada, el nivel de transformación cristiana que se espera de la población en general, es relativamente baja y muchos de los que desean servir a Cristo seriamente, sienten que deben hacer algo decisivo para expresar el verdadero espíritu cristiano, generalmente ingresando a una orden religiosa. En las eras de cristiandad a esto se lo ha llamado a veces "irse del mundo" como si todos los cristianos no estuviesen llamados a irse del "mundo" en el significado que esta palabra tiene en las escrituras. Se puede desarrollar un sentimiento de miembros de la iglesia de primera y segunda clase y las expectativas de santidad entre los laicos pueden disminuir.

En una cultura cristianizada la Iglesia en su totalidad puede verse tentada a perder su espiritualidad y su carácter de otro mundo y volverse meramente un cuerpo de este mundo, un departamento de estado o un prometedor camino de avance profesional; un centro de actividades civilizadas en vez de ser el cuerpo místico de Cristo. Debido a que en una sociedad cristianizada profesar a Cristo es respetable y puede traer riqueza y poder, porque Cristo es un nombre con el que se puede implorar y con el cual ganar influencia, los mezquinos y hambrientos de poder se aprovechan de la Iglesia y usan su influencia para el beneficio de sus objetivos egoístas. Los pecados de comprar un lugar en una oficina de la iglesia, o de obispos y sacerdotes ausentes, o de la avaricia y acumulación de riquezas, o de una progresiva y general inclinación hacia lo mundano entre aquellos que tienen el deber de guiar a las personas a Cristo, pueden volverse rampantes. Aun para los que evitan estos pecados evidentes, el mensaje de Cristo puede quedar superpuesto entre las categorías de éxito que se originan en el orden temporal y puede dejar de ser una fuerza liberadora. El sacerdocio puede volverse un mero trabajo en vez de una misión. La atención de la vida moral y ritual de la Iglesia se puede volver algo superficial, solamente valorada por los efectos tangibles e inmediatos. Este es el tipo de preocupación que precipitó el espíritu de reforma tanto protestante como católica en el siglo XVI. La verdadera reforma de la Iglesia en tiempos como esos no es fácil.

En la cristiandad, debido a que las instituciones son fuertes y están bien fundadas, hay una tendencia a tomarlas por sentado y por lo tanto pueden llegar a perder su espíritu original cristiano. Los obispos y los sacerdotes pueden dejar de actuar como pastores y evangelistas que envueltos en una gran batalla espiritual y a través de sus instituciones lideran a su pueblo al discipulado y, en cambio, pueden empezar a verse a sí mismos y a funcionar como administradores de un sistema que mantiene la maquinaria bien aceitada. En la cultura de la cristiandad, el tipo de persona al que se invita para liderar la Iglesia es a menudo aquel administrador que evita los conflictos en vez de al apóstol. La Iglesia pasa de ser un movimiento de instituciones que encarnan al espíritu a ser un conjunto de instituciones escleróticas que han perdido su más profundo espíritu. En una sociedad cristianizada, la gran fortaleza de las instituciones y principios cristianos conlleva una tendencia a reducir la fe a sus expresiones visibles. Los cristianos pueden pensar erróneamente que el reino es fundamentalmente de este mundo y que se lo puede medir por sus manifestaciones visibles. Como resultado, muy a menudo intentan mantener una influencia mundana a expensas de una genuina fortaleza espiritual. La historia, quizás apócrifa, del encuentro de San Juan María Vianney y el demonio expresa la verdadera fuente de la influencia de la Iglesia. Se dice que el demonio le dijo a Vianney que si hubiera tres sacerdotes como él, el reino de la oscuridad estaría en ruinas. La santidad, la oración, la humildad, los ocultos actos de caridad son los medios espirituales por los cuales la Iglesia se hace visible. Cuando estos actos disminuyen, las expresiones exteriores de la vida de la Iglesia crecen débilmente y están propensas a fallar. La Iglesia nunca está en una situación más frágil como cuando parece fuerte, pero ha perdido sus raíces en el mundo invisible. Este peligro puede ser difícil de reconocer en una era de cristiandad.

De manera sutil, en tiempos de cristiandad hay falsas imitaciones de una genuina cristiandad, imitaciones que asimilan nombres y costumbres cristianas con lo que, de hecho, es una religión diferente. John Henry Newman ha notado este fenómeno en su sermón titulado "La religión de hoy":

En cada era de la cristiandad, desde que fue predicada por primera vez, ha habido lo que se puede llamar una *religión del mundo*, que hasta ahora imita a la única religión verdadera para engañar a los inestables e imprudentes. El mundo no se opone a religiones *como estas*. Debería decir, nunca se ha opuesto. En particular, en todas las épocas, ha reconocido de una manera u otra, el Evangelio de Cristo, se ha ajustado a una u otra de sus característica y ha profesado encarnarlo en su práctica, mientras que, olvidando las otras partes de la santa doctrina, ha de hecho, distorsionado y corrompido aun la parte de ella que ha seguido exclusivamente y por lo tanto ha inventado para excluir su totalidad; - aquel que cultiva solo un precepto del Evangelio y excluye el resto, en realidad no está entendiendo nada. (Sermones parroquiales, Vol 1, #24)

Esta substitución de la totalidad por solo una parte, puede causar confusión con respecto a quién es Cristo y lo que pide en su Evangelio. Muchos de los que han aceptado un entendimiento distorsionado de la fe dirán que hablan en nombre de Cristo.

Debido a que en una sociedad cristianizada la mayoría de la población (casi) es cristiana, lo imperioso de la misión puede desaparecer. La verdad de que la raza humana está envuelta en una batalla cósmica entre el bien y el mal y en la que cada uno debe elegir un lado u otro, puede quedar bien escondida. Para muchos de los que viven en una era cristianizada, la Iglesia puede ser vista como una entre muchas instituciones culturales que mejoran la vida, en vez de como a la raza humana re-creada y salvada de la muerte y la esclavitud. La misión se vuelve entonces como la preservación de algunas órdenes religiosas que laboran en tierras lejanas. La Gran Comisión se puede ver como un mandato distante e irrelevante.

Concerniente al tiempo apostólico

En una situación apostólica, debido a que la Iglesia no es la mayor influencia sobre la visión general de la sociedad, la necesidad no es simplemente de mantenimiento, aunque esto también está en juego; la necesidad es en cambio de testigos apostólicos y de la construcción de una manera de vida y una distintiva visión cultural cristiana. En dichos tiempos la Iglesia entiende en si misma que es muy diferente al resto del mundo que la rodea, con la necesidad de abrirse camino entre la hostilidad y la apatía, incapaz de contar con la sociedad en general para mantener sus instituciones o para sostener su visión de la vida. Esta postura trae ciertas ventajas y también ciertos desafíos.

Ya que uno debe pagar un cierto precio por la fe en tiempos apostólicos, hay menos hipocresía que en los tiempos de cristiandad. La vida de fe es más intensa y por lo tanto más atractiva y se ven más cambios en la manera de vivir. Hay una experiencia inmediata de pertenecer a Cristo. La gran aventura del cristianismo es más palpable: su contorno aparece con gran claridad y el Evangelio atrae a muchas personas de gran corazón que tienen un fuerte deseo de Dios y de lo que es bueno. La cualidad cristiana en la vida de los creyentes tiende a ser alta.

En una era apostólica hay por necesidad, mayor pureza de intenciones en los sacerdotes y obispos, lo que hace un liderazgo más verdadero y dinámico. El alto estándar de santidad entre el clero es más natural y más fácil de mantener. Aquellos que buscan ocupar un puesto en las oficinas de la Iglesia por dinero o prestigio, generalmente encuentran otra ocupación.

En un tiempo apostólico, la Iglesia es en cierto sentido más consciente de sí misma. Los cristianos saben, por sus experiencias diarias, que moral y espiritualmente habitan en un mundo diferente y a veces en oposición al mundo que los rodea y esto les demanda un mayor sentido a su llamado tan único. En un tiempo apostólico, cada cristiano es por necesidad testigo y evangelista; el rol de los laicos y la importancia de la santidad laical surgen con gran claridad como una necesidad para que la Iglesia complete su misión

Confesar la fe en Cristo en medio de la hostilidad y al punto del martirio ha sido siempre considerado una de las mayores bendiciones cristianas, la manera más privilegiada de imitar a Cristo, pero esto es difícil de ver en una era cristianizada. En un tiempo apostólico la posibilidad de sufrir por la fe, aun pasando por el martirio, está presente; un espíritu heroico de ser testigos con valentía anima a toda la Iglesia.

También hay desafíos que se hacen presentes en una era apostólica. Los diferentes beneficios que se acumulan en una cultura cristianizada no están presentes. Son comunes los errores de todas formas doctrinales y morales. En una atmósfera cultural como esta, puede ser difícil para los cristianos mantener su propia espiritualidad y visión moral. Las ventajas materiales se ofrecen a aquellos que establecen la paz con la mayoría no cristiana y lo atractivo de la visión reinante es difícil de resistir, especialmente para los más vulnerables. Entre otros problemas, se vuelve más difícil criar a los hijos en la fe.

En un tiempo apostólico lo hostilidad de la cultura en general puede hacer difícil la vida cotidiana. Es más dificultoso encontrar instituciones y más difícil aun mantenerlas saludables, es como tratar de construir una casa en medio de un viento huracanado. Hay pocos recursos disponibles y los desafíos culturales para poder articular la fe, ya sea individual o institucionalmente, pueden ser agotadores. Puede haber una tendencia al desánimo y la confianza en el poder del Evangelio puede disminuir especialmente entre aquellos que miden la fortaleza de la Iglesia por sus manifestaciones visibles.

Precisamente debido al alto costo del discipulado, la gran tentación en el tiempo apostólico no es la hipocresía sino la cobardía. Mientras que en la cristiandad las personas están tentadas a profesar más fe y virtudes de las que poseen, en un tiempo apostólico están tentados a profesarlas menos. La apostasía motivada por el miedo se vuelve más frecuente.

En un tiempo apostólico, debido a lo desapacible del clima espiritual, los grupos cristianos se enfrentan con la tentación de desarrollar una actitud muy rígida sobre la fe y la vida moral o de volverse sectarios y abandonar la tarea de involucrarse y confrontar a la cultura general con el Evangelio. Puede haber una tendencia a "dejar que el resto del mundo se vaya al infierno" o de dejarse dominar por una actitud de miedo que le quita al Evangelio su espíritu de alegría y triunfo. Reconociendo que hay una barrera entre la cristiandad y la sociedad en general, surge la tentación de poner esa barrera en lugares donde el Evangelio no lo demanda. De igual manera que la tentación acosadora de ajustarse a las conductas y pensamientos mundanos está presente para muchos en un tiempo de cristiandad, en tiempos apostólicos, para muchos, está presente la tentación de erigir ortodoxias personales o grupales que no encajan con la verdadera línea del Evangelio.

III
El ambiente actual

> Ha pasado ya, incluso en los Países de antigua evangelización, la situación de una « sociedad cristiana », la cual, aún con las múltiples debilidades humanas, se basaba explícitamente en los valores evangélicos.
>
> — PAPA SAN JUAN PABLO II, *Novo Millenio Ineunte*, 40

CUALQUIERA SEAN las ventajas y desventajas de una situación cultural de cristiandad o apostólica, no podemos elegir el tipo de sociedad que preferiríamos. Recibimos de Cristo ambos, los tiempos en los que debemos vivir y la gracia para involucrarnos en el mundo así como es. En lo que dirigimos la mirada a nuestro propio tiempo y lugar y nos preguntamos en qué tipo de cultura habitamos, cuál es su visión imaginativa y cuáles son las estrategias pastorales apropiadas para ella, nos abrimos hacia un complejo cuadro y en muchas maneras sin precedentes. Vivir en esta complejidad sin precedentes requiere nuevas y efectivas maneras de vivir el Evangelio y de ser testigos de las verdades de la fe.

En los últimos siglos, en el Occidente, se ha visto una áspera competencia entre dos visiones reinantes: una gran visión cristiana que ha permanecido por muchos siglos y una visión materialista y humanista que empezó a emerger a finales del siglo XVII, y que es conocido como Iluminismo. Que estas dos visiones hayan estado en conflicto, no quiere decir que entre ellas no hay nada en común o que la anterior visión cristiana no haya sido en parte una fuente para el Iluminismo. Pero, aunque estas dos visiones pueden ver *algunas* cosas de manera similar, ellas ven *todo* diferente; el esquema general en el que las creencias o prácticas están incorporadas les da un significado diferente aun para el que, si se lo toma separadamente, podría ser similar.

Hasta cerca de la Primera Guerra Mundial Europa era casi en su mayoría un conjunto de culturas cristianizadas, aunque ya muy temprano algunos agudos observadores notaron la dirección que estaba tomando. Hubo un tipo de guerra social cultural que se desarrolló, con mayor o menor intensidad, por casi doscientos años y especialmente entre las clases más educadas. En siglo siguiente, esa guerra había terminado en Europa; a la cristiandad la echaron del terreno, no a la cristiandad o a la Iglesia, sino a Europa como una sociedad cristianizada. En contraste, Estados Unidos, hasta hace muy poco, ha sido una especie de cultura cristianizada y, en algunos lugares, así se mantiene y con un grado significativo. Desde sus inicios la visión social estadounidense fue como una aleación; en una incómoda mezcla hubo una fundición de elementos cristianos heredados de la larga historia del oeste con elementos del Iluminismo. Aquella visión cultural estadounidense ha sido bastante amigable con el cristianismo, pero esta amistad está rápidamente disipándose, muchos de los recientes sucesos lo dejan ver. El cambio es profundo y no es probable que se revierta en el futuro cercano. El punto de relatar todo esto no es para anunciar el apocalipsis ni tampoco para que caigamos en la nostalgia, sino más bien para sugerir que necesitamos comprender nuestra cultura, sus oscuridades más profundas y sus aspectos más prometedores; así podremos empezar a saber cómo llevar a ella la luz de Cristo.

Pensando con un modo de cristiandad en un tiempo apostólico

No es sorprendente que haya muchos católicos estadounidenses que todavía tienen una mentalidad de cristiandad. Ellos fueron criados con esta mentalidad y se ha vuelto parte de la estructura asumida en sus mentes. Esta actitud heredada es entendible, pero desde un punto de vista estratégico, es desastrosa. El rápido cambio desde una visión reinante cristianizada a una visión moderna, progresiva y utópica ha alterado radicalmente la situación estratégica.

A este respecto, sería bueno tomar nota de lugares como Quebec, Bélgica, España e Irlanda. Hasta hace poco, la cultura en estos lugares parecía ser profundamente católica, aun cuando el mundo en general estaba adoptando una orientación secular. Sin embargo, en el lapso de una generación el fondo de la cristiandad se desmoronó. Casi de la noche a la mañana estas sociedades pasaron de ser firmemente católicas a ser agresivamente seculares. Una de las razones de este rápido colapso fue que la visión general de la sociedad ha ido cambiando con el paso del tiempo, pero este cambio no fue percibido ni tampoco las instituciones de la Iglesia se ajustaron a él; ellas prefirieron continuar "como de costumbre." En un cierto punto, la erosión de la visión cristiana ya no pudo soportar el peso de la cultura, la casa colapsó y su caída fue muy grande. Estas situaciones reconocidas y complejas, apuntan a un principio que funciona: las estrategias institucionales y eclesiásticas que son apropiadas en la cristiandad no funcionan bien en una situación apostólica. En tiempos en los que hay cambios rápidos y un alejamiento de la visión de la cristiandad, tiempos como el nuestro, la Iglesia necesita pensar sobre el espíritu y el funcionamiento de todas sus instituciones de una manera diferente, de lo contrario, esas instituciones pueden perder su efectividad o ser capturadas por la cultura prevaleciente.

Un cambio similar en la visión narrativa cultural reinante también se puede ver en Latinoamérica; este cambio en estos países se está dando bajo diferentes condiciones culturales. Esta región, por mucho tiempo, estuvo compuesta de un conjunto de sociedades cristianizadas y su visión general la ha llevado adelante la Iglesia Católica. Sin embargo, en los últimos cien años, esta visión imaginativa ha estado bajo serios ataques, primero por parte de los agresivos gobiernos seculares y más recientemente de parte de los medios de comunicación electrónicos y de los diferentes factores económicos que conectan a sus usuarios con una gran cultura global y secular. Las viejas fórmulas institucionales y culturales que se desarrollaron durante los años de cristiandad ya no funcionan como lo hicieron en un tiempo. Aun así, la gran mayoría de los latinoamericanos todavía se identifican como cristianos y aunque la Iglesia católica ha venido perdiendo fieles e influencia entre la población latina, la denominación evangélica cristiana protestante ha visto un pronunciado crecimiento. Cualesquiera sean las limitaciones de esta rama de la cristiandad, apostólica y evangélicamente, está avanzando bajo un modo apostólico. Está asumiendo una postura misionera y está por lo tanto mejor equipada para enfrentar la situación latina actual. Cuanto más los católico latinoamericanos adopten la apostolicidad, menos probable será que sus congregaciones y familias quieran abandonar su fe, ya sea por la secular cultura global o por pequeñas iglesias independientes. En el grado en que sigan haciéndolo "como de costumbre" verán irse a un creciente número de sus miembros.

Aquí en los Estados Unidos podemos ver este principio trabajando en todas las instituciones claves de la Iglesia: la familia, las escuelas, las organizaciones de caridad, las parroquias y las cancillerías. Los viejos esquemas y estrategias institucionales que funcionaban bien en su tiempo ya no llaman la atención de la cultura actual o ya no retienen a los miembros de la Iglesia. Los hijos de padres católicos a menudo abandonan su fe, las escuelas y universidades católicas ya no gradúan creyentes católicos serios, las parroquias ya no producen vocaciones religiosas o sacerdotales, las órdenes religiosas se marchitan. Para aquellos con una orientación a la cristiandad las noticias de nuestros tiempos son una larga historia de disminuciones y pérdidas: números cada vez más bajos, instituciones secularizadas o moribundas, una evidente pérdida de influencia en la cultura. Todo esto pude producir una atmósfera de desánimo y derrotismo.

Junto a este panorama debemos poner otro más alentador. Siempre que el celo apostólico y las estrategias apostólicas están en funcionamiento, los resultados son sorprendentes: conversión a la fe especialmente entre los jóvenes, nacen o se redescubren movimientos y comunidades religiosas, se fundan o reforman las instituciones, se expresa una más profunda vida de fe y hay más testimonios en las comunidades. Estos movimientos no incluyen a la mayoría, pero esto es parte de la naturaleza de un tiempo apostólico: en un contexto misionero la Iglesia no se mueve por mayorías. Lo que enfrentamos no es una cultura tan corrupta que es inmune al Evangelio, tampoco a una población para la que el catolicismo ha perdido por completo su atractivo; nuestro problema es en cambio que la gran mayoría de la Iglesia está en un modo de cristiandad, ya sea seriamente comprometida por la visión reinante de la cultura en general o por el uso de estrategias anticuadas que fueron ideadas para un contexto diferente y por lo tanto no son capaces de hacer frente a la cultura actual. La tarea actual es encontrar maneras efectivas de involucrar a los miembros de la Iglesia, y a los que están fuera de ella, con las verdades de la fe.

En el segundo libro de Reyes, se cuenta un evento en la vida del profeta Eliseo (2 Rey. 6, 8-23). Una alianza de poderes hostiles había invadido Israel y un ejército estaba sitiando la ciudad donde

Eliseo estaba con su sirviente. Con esta apremiante situación el sirviente se puso nervioso pero Eliseo lo animó con estas palabras: "no temas porque los que están con nosotros son más que los que están con ellos." Estas palabras no tuvieron sentido para el sirviente, quien no podía ver a ningún aliado sino solo a un vasto ejército de enemigos. Entonces Eliseo oró para que se abrieran los ojos de su sirviente y pudiera ver el mundo espiritual y vislumbrar la genuina realidad. Los ojos del joven se abrieron y vio alrededor de Eliseo un ejército de jinetes y carrozas celestiales más que suficientes para aplacar las fuerzas de los enemigos. Esta no es solamente una historia cautivante, es la expresión de una verdad de gran importancia práctica. La Iglesia regularmente aparece desvalida cuando se evalúan sus riquezas mirando solamente el mundo visible de la política, la economía, la influencia cultural y los números. Pero cuando la Iglesia es vista verdaderamente como una sociedad divina que trasciende el tiempo y el espacio, llena de la presencia de Dios y fortalecida por El, resplandeciente con el poder y la belleza de ángeles y humanos que han sido perfeccionados, trayendo toda la autoridad del cielo para tratar los asuntos del mundo, se ve algo muy diferente. Una era apostólica, especialmente una que está emergiendo de las ruinas de la cultura de cristiandad, debe saber claramente cuáles son las fuentes de fortaleza de la Iglesia para las batallas que enfrenta.

IV

Desarrollo de una estrategia pastoral para estos tiempos de transición

Como he manifestado en otras ocasiones, la singularidad y novedad de la situación en la que el mundo y la Iglesia se encuentran, a las puertas del Tercer milenio, y las exigencias que de ello se derivan, hacen que la misión evangelizadora requiera hoy un programa también nuevo que puede definirse en su conjunto como 'nueva evangelización'.

— PAPA SAN JUAN PABLO II, Ecclesia-in America, 244

"El hombre contemporáneo escucha más a gusto a los que dan testimonio que a los que enseñan, o si escuchan a los que enseñan, es porque dan testimonio."

— PAPA SAN PABLO VI, Evangelii Nuntiandi, 41

A LA LUZ de estas consideraciones, ¿cuáles son algunos principios y actitudes sobre los que se pueden formular una respuesta pastoral evangélica y razonable?

1. Obtener una actitud apostólica

El primer requisito es darse cuenta de los tiempos en los que estamos viviendo y estar preparados para ajustar las expectativas y estrategias de maneras apropiadas. A este respecto, podríamos empezar por considerar a los apóstoles justo después de la ascensión del Señor. Ellos habían sido llenados nuevamente con el poder del Espíritu Santo y tenían las palabras de su Maestro resucitado resonando en sus oídos: "Vayan y hagan discípulos en todas las naciones." Este era el prototipo de la situación apostólica. Podemos imaginarlos reuniéndose por primera vez como el "comité de evangelización":

NUESTRA AGENDA

Llevar el Evangelio de Cristo al mundo.

NUESTROS RECURSOS

¿Obispos?	Once.
¿Sacerdotes?	El mismo número.
¿Diáconos?	Ninguno.
¿Teólogos formados?	Ninguno.
¿Órdenes religiosas?	Ninguna.
¿Seminaristas?	Ninguno.
¿Seminarios?	Cero.
¿Cristianos creyentes?	Unos cientos.
¿Países con personas cristianas?	Uno.
¿Edificios de Iglesias?	Cero.
¿Escuelas y universidades?	Cero.
¿Evangelio escrito?	Ninguno.
¿Dinero?	Muy poco.
¿Experiencia en misiones en otros lugares?	Ninguna.
¿Contactos de influencia en lugares importantes?	Casi ninguno.
¿Actitud social hacia nosotros?	Hostil o nos ignoran.

Si los apóstoles hubiesen estado pensando en un modo de cristiandad y hubiesen evaluado la situación desde un punto de vista relacionado a las fortalezas de las instituciones cristianas existentes, los hubiera agobiado el desánimo al ver crisis en todas las direcciones: vocacional, financiera, catequética, educacional y numérica. Pero no se desanimaron: estaban llenos de alegría y esperanza. Tenían gran confianza en su Señor, en su mensaje y en la creatividad y fertilidad de la Iglesia. Ellos sabían que su tarea era ser usados por el Espíritu Santo para que la Iglesia crezca y sabían con qué gracia iba a crecer; y creció.

La Iglesia en un tiempo apostólico necesita tener esta misma confianza en el poder y la bondad del mensaje que anuncia, en su potencial de cambiar vidas, en el poder de la Iglesia para su regeneración y crecimiento. De manera especial, aquellos en posiciones de influencia y autoridad deben estar convencidos de que Cristo es la respuesta para cada enfermedad humana, la solución para cada problema humano y la única esperanza para una raza moribunda. Deben estar convencidos de las malas noticias: que la raza humana, por su propia rebeldía, ha traído una maldición sobre sí misma y se ha vendido a sí misma a la esclavitud con el príncipe de la oscuridad y que no hay nada que podamos hacer con nuestro poder para salvarnos a nosotros mismos. Al mismo tiempo, deben estar igualmente convencidos de la buena noticia: que Dios en su misericordia ha venido entre nosotros para liberarnos de nuestros pecados y de la esclavitud con el demonio y para aquellos que se han vuelto leales a él, la pesadilla de una vida lejos de Dios puede transformarse en un nuevo amanecer de esperanza eterna. Deben saber, por sus propias experiencias, que la obediencia al Evangelio es la verdadera libertad, que la santidad lleva a la felicidad, que el mundo sin Dios es un terreno yermo y desolado y que una vida nueva en Cristo transforma la oscuridad en luz.

Esta actitud, necesaria por muchas razones, es esencial para evaluar apropiadamente el trabajo y las riquezas de la Iglesia en una era post cristiandad. En tiempos de transición como los nuestros, podemos esperar que las estrategias pastorales y evangélicas que se han usado por mucho tiempo bajo la influencia de una asumida visión narrativa de cristiandad, ya no sean tan efectivas como una vez lo fueron. Debemos esperar que aquellos que atendían la misa de manera convencional dejen de atenderla y los que no tienen un convencimiento real de las verdades de la fe, se muestren renuentes a pagar un alto precio por esas verdades y progresivamente aumenten su distanciamiento. Actualmente en la Iglesia hay muchos "católicos por tradición o costumbre," ellos tienen lazos sentimentales con la manera en que fueron criados. Pero el sentimentalismo no podrá mantener un camino de discipulado que los desafiará en cada nivel de su ser, tampoco sostendrá su fe cuando por ella se vean expuestos a conflictos con las personas a su alrededor. No debemos ser esquivos de esta situación o rápidos para aplacar la mecha latente aunque se haya vuelto débil; cada una de las almas, no importa que tan tibias estén, son de una inmensa importancia. Pero la tarea fundamental de la Iglesia, una que se puede perder bajo una mentalidad de cristiandad, se debe mantener visible.

El anciano Simón, sosteniendo al niño Jesús en el Templo, habló sobre él diciendo que será para caída y elevación de muchos en Israel y el instrumento por el cual muchos corazones serán puestos a prueba (Lc. 2, 34). La gran tarea de la Iglesia en todos los tiempos es proclamar y vivir el Evangelio con claridad y convicción; no le corresponde a ella determinar el efecto que esto tendrá sobre los demás. Jesús, el mayor y más talentoso predicador del Evangelio de la historia, no tuvo una buena recepción entre sus oyentes; hasta algunas veces la mayoría rechazó su mensaje. Esto no se debió a que su prédica falló en lo que respecta a producir la conversión, al contrario fue perfectamente exitosa en su propósito: probó los corazones de aquellos que la escucharon de manera tal que algunos se elevaron y otros cayeron cuando recibieron el mensaje. Lo mismo es verdad para el testimonio de fe de la Iglesia. Aunque se presente fielmente a Cristo, la respuesta al Evangelio será variada. No hay manera de dar vuelta el hecho de que, en una sociedad que se está alejando de la cristiandad, la Iglesia, por una especie de necesidad social, crecerá poco: la mayoría en cualquier sociedad tiende a adoptar inconscientemente la visión social reinante a menos que explícitamente se alejen de ella por alguna otra cosa. Esto debe verse desde una perspectiva apropiada. Diez seguidores genuinos de Cristo probarán ser más fecundos entre nuevos creyentes que miles con una fe tibia o no existente. La Iglesia no crece por movimientos en masa, avanza con un alma a la vez, en lo que en cada individuo se enciende el fuego de la fe que otro le pasó y se lo une al Cuerpo de Cristo. La importancia no se encuentra en los números, sino en la intensidad de la llama, como lo entendieron los apóstoles.

2. Rechazar el quedarse atrapados por el análisis social

Un tiempo apostólico debe liberarse a sí mismo de la lógica de las encuestas sociológicas y de las extrapolaciones numéricas sobre el lugar que tendrán las creencias en la próxima era. Lo que sea que usen, este tipo de cosas nos dicen muy poco acerca del futuro de la Iglesia. Debido a los métodos que usan, dejan fuera la fe, los milagros, al Espíritu Santo y por lo tanto necesariamente serán incorrectas sobre la actividad espiritual de un organismo con sus raíces en el cielo. ¿Qué encuesta sociológica hubiese podido predecir la conversión de una antigua y sofisticada civilización por el accionar de un grupo de trabajadores sin educación? ¿Qué análisis numérico hubiese podido conjeturar la explosión del movimiento monástico o la conversión de todas las personas paganas de Europa? ¿O la aparición de San Francisco y sus miles de seguidores en tan poco tiempo? ¿O la aparición de Nuestra Señora de Guadalupe y la conversión de México, o de hecho, la conversión de una sola alma? ¿Qué estudio sociológico puede estimar el poder de la oración o de la presencia del Espíritu Santo? Desde su primera aparición la Iglesia ha sido una sorpresa masiva; en cada era su existencia es un milagro permanente. El éxito poco probable y poco mirado de la cristiandad tiende a perderse en una cultura de cristiandad, donde el maravilloso y revolucionario poder del Dios encarnado puede llegar a ser visto solamente como la manera en que se supone que las cosas deben ser. Pero en cada era la Iglesia va en contra de la atmósfera espiritual de un mundo oscuro, aun si en ciertos tiempos es lo suficientemente exitosa como para influenciar esa atmósfera de manera significativa. Cada conversión es una maravilla de la gracia, un asombroso trabajo de Dios; San Agustín una vez dijo que era un milagro mayor de Dios el salvar a un pecador que haber creado al mundo entero. El comentario de San Agustín apunta a la actitud apropiada de una era apostólica.

Esto no es para decir que dichos análisis sociales no tiene valor o que deben ser ignorados. Son útiles, aun esenciales, para ayudar a los cristianos a comprender la cultura que están navegando y también pueden proveer información necesaria sobre el estado actual de la fe. Pueden usarse como una motivación para la acción y como información para construir una postura y estrategias apropiadas de la Iglesia. Pero los análisis sociológicos no marcan la fortaleza espiritual de la Iglesia, tampoco pueden predecir cómo le irá a la Iglesia en el futuro, tampoco deberían ser una fuente de malas señales y una excusa para la falta de fe.

Como un ejemplo, a finales del siglo XVIII la Iglesia europea estaba en un estado de lasitud, con un gran número de sus clases educadas desprendiéndose de su fe. Luego llegó la Revolución francesa y el país liderado por la cristiandad quedó inmerso en veinticinco años de guerras, caos y olas de obligada descristianización. El Papa estuvo prisionero por un tiempo, las tradicionales monarquías cristianas estaban tambaleantes y muchos pensaron que la Iglesia estaba en su última instancia: vieja, con falta de convicción y a punto de expirar. Las vocaciones para el sacerdocio y la vida religiosa en Francia estaban en su nivel más bajo, faltaba formación en los seminarios, muchas órdenes religiosas habían perdido sus raíces y había en la sociedad en general un conjunto de corrientes e ideas contrarias al cristianismo y a la Iglesia que era muy probable que no irían a desaparecer. Un observador considerado hubiese notado que el estado de la Iglesia francesa por los años 1810 o 1815 no era otra cosa que una ruina y, basados solo en datos sociológicos, hubiese predicho para el futuro cercano un desastre vocacional con todo lo que ello implica. Lo que pasó fue algo diferente. En 1808 había en Francia 12.300 hermanas religiosas, en 1878, 135.000. En 1830 había unos 3.000 sacerdotes de todas las órdenes sirviendo en la Iglesia francesa, en 1878 alrededor de 30.000, un aumento de diez veces más en sesenta años y la edad media de los sacerdotes en 1878 era significantemente menor de lo que había sido sesenta años atrás. Más allá de lo que sea que se hubiese dicho sobre el futuro de la Iglesia en aquel tiempo, era evidente que no estaba por desaparecer. Todo esto fue una gran sorpresa para los enemigos de la Iglesia, especialmente para aquellos que estaban desarrollando la disciplina de la sociología como un reemplazo de la teología y quienes estaban alegremente prediciendo, bajo sus metodologías, la caída de la Iglesia; de acuerdo a su lógica nada de esto debería haber pasado. El punto es que la Iglesia tiene un gran poder de regeneración. No es un cuerpo estático con una cantidad fija de recursos y un limitado número de adherentes; ella responde a cada situación que encuentra con el poder y la cualidad generativa del Espíritu Santo. Esta regeneración pasa cuando los miembros de la Iglesia hacen un inventario de su tiempo, renuevan su compromiso con el Evangelio y se ponen al servicio de Cristo. Por supuesto que se si tratan a la Iglesia y a la fe como construidas puramente por humanos, los análisis numéricos tendrán más poder de predicción y será más probable que los funestos pronósticos se hagan realidad.

3. Diferente mantenimiento y uso de las instituciones

Una diferencia clave entre un tiempo de cristiandad y un tiempo apostólico es la manera en que funcionan las instituciones de la Iglesia. Las instituciones son esenciales para la vida de la Iglesia, de hecho para la vida humana. Sus existencias son necesarias en un mundo con tiempo y espacio. Por lo tanto no es una sorpresa que en los tratos de Dios con la raza humana haya sido tan insistente en la fundación y mantenimiento adecuado de las instituciones dentro de las cuales los humanos pueden vivir y sus ideales y relaciones puedan realizarse. La familia es la institución humana primitiva y la Iglesia es la institución más importante y más comprensiva de todas, la casa en la que la persona en su totalidad es tenida en cuenta y cuidada para su eternidad. También hay otras instituciones en el medio, como parroquias, escuelas, órdenes religiosas, organizaciones de caridad, negocios y asociaciones, las que juntas proveen los elementos para una vida saludable.

A pesar de que la palabra "instituciones" tiene un largo e ilustre linaje cristiano, actualmente se la percibe como densa e impersonal y podemos sentirnos renuentes a usarla. Esta renuencia se debe en parte a como la palabra ha sido usada en los análisis sociológicos, pero también se debe al triste hecho de que las instituciones modernas, por varias razones, se han vuelto corruptas y por lo tanto lugares inhumanos. Una institución saludable siempre está ordenada hacia la persona humana y mejora, o al menos no disminuye, la humanidad de aquellos que están bajo su influencia. Cuando pensamos en una institución, lo primero que debería venir a la mente no debería ser una empresa muy burocratizada, o un amenazante edificio escolar, mucho menos una prisión, sino en cambio, un círculo familiar estrechamente unido o en parroquias donde la fe y el amor son evidentes y todos reciben buenos cuidados. Cuando las instituciones cristianas han perdido mucho de su espíritu y frescura, puede ser tentador pensar que la solución se podría encontrar dejando atrás a todas las instituciones. La "espiritualidad" llega para reemplazar a la "religión organizada," lo que significa religión asentada en instituciones. A la encarnación de ideales religiosos en instituciones, una operación esencial en el plan providencial de salvación de Dios, se la percibe como dañina para una fe vibrante. Considerando la actual confusión social y la naturaleza subjetiva de nuestro tiempo, este es un error entendible, aunque no deja de ser un error serio. La fundación y cuidados apropiados de las instituciones en las cuales los ideales de la cultura se encarnan es el corazón de toda vida civilizada. Dios está muy a favor de instituciones(apropiadas), como se puede ver claramente al fundarlas Él mismo y en su insistencia en mantenerlas. Jesús pasó mucho de su tiempo con sus discípulos más cercanos, sentando las bases para la institución en la que Él mismo, y por el Espíritu Santo, habitaría.

Parecería ser una ley de la vida de las instituciones que una institución dada tienda a conformar su visión imaginativa, general y moral con la de la sociedad en la que se encuentra. Cuando esa visión reinante es buena, esta conformación es una ventaja. Cuando es cristiana, es una ventaja especial; una de las ventajas de una sociedad cristianizada es exactamente esta tendencia de sus instituciones a tomar una forma cristiana. Pero esto viene con un corolario: una institución cristiana en un ambiente cultural no cristiano o anti cristiano, solo puede mantener su carácter cristiano distintivo a través de una enérgica resistencia a conformarse a la atmósfera predominante. El no ejercitar dicha actividad será la pérdida del propósito original de la institución. En otras palabras, para que una institución cristiana pierda su espíritu y carácter cristianos en un tiempo apostólico, ya sea que la institución es la familia, una parroquia, una universidad o una organización de caridad, no es necesario que se la lleve muy lejos del cristianismo, todo lo que debe hacer es continuar en su modo de mantenimiento de "hacer como de costumbre" y en muy poco tiempo, en lo que la institución se conforma a las fuerzas de la cultura dominante, su espíritu interior se habrá perdido y alejado de Cristo. Es la diferencia entre flotar en una canoa río abajo dando unas ocasionales remadas para mantener la dirección (en modo de cristiandad) y remar río arriba contra corriente con enérgicas remadas (en modo apostólico). Lo que pasa cuando se deja de remar en cada una de estas dos situaciones es muy diferente. Aquellos que piensan que la corriente va a su favor, cuando de hecho va en contra de ellos, se sorprenderán de encontrarse avanzando rápidamente en una dirección en la que no querían ir.

En un tiempo apostólico, las instituciones deben volverse más conscientes de su misión, de sus objetivos y de su espíritu interior. Los que las guían y habitan en ellas, deben saber con gran claridad lo que están haciendo, por qué lo hacen, cuáles podrían ser las consecuencias de tomar ciertas decisiones y como la cultura interior de la institución puede mantenerse en contra de la corriente.

Lo que se necesita aquí puede verse claramente en la actual cultura del matrimonio. No hace mucho tiempo, de hecho una o dos generaciones atrás, para una pareja cristiana que quería casarse y formar una familia era suficiente hacerlo de la misma manera en la que ellos mismo fueron criados y siguiendo la corriente de la cultura. Ellos sabían que existían algunos modelos sociales que querían evitar, pero había un camino claro en frente de ellos. Muchas de estas parejas no hubiesen sido capaces de articular detalladamente por qué vivieron de la manera en que vivieron o criaron y educaron a sus hijos de una cierta forma o llevaron a cabo su trabajo y su vida recreacional de un cierto modo. Era lo obvio en una cultura de cristiandad, se ha hecho así por mucho tiempo, no era necesario hablar sobre eso, funcionó para sus padres y funcionaría para ellos. Pero en el clima actual los resultados de este proceder inadecuado son evidentes por todos lados. Con mucha frecuencia se escuchan a padres lamentando la pérdida de fe en sus hijos sin saber cómo o por qué pasó. "Los mandamos a escuelas católicas, los llevamos a misa, hicimos todo lo que nuestros padres hicieron, ¿qué salió mal?" La manera de llevar una vida familiar católica que hubiese sido al menos adecuada para una cultura de cristiandad, ahora es tristemente inadecuada para competir con la poderosa atmósfera en la que viven sus hijos.

En los tiempos culturales actuales, los jóvenes seriamente cristianos que se casan, tienen mucho más en claro cuáles son sus deberes. Para empezar, la decisión de casarse, la decisión de mantenerse castos antes del matrimonio, la intención de casarse para toda la vida y el deseo de tener hijos los ha puesto en una postura en contra de la corriente, una que es vista como rara entre sus compañeros. Ellos saben que tendrán que reflexionar sobre cada aspecto de sus vidas si quieren mantener su vitalidad cristiana. Ellos entienden que no podrán depender de la cultura en general como modelo para la crianza o educación de sus hijos, el uso del dinero, de la tecnología o escoger actividades de entretenimiento. Ellos están conscientes de la necesidad de una visión integral para su vida institucional (familia) y en la que todas sus actividades tengan un significado. Tendrán que criar a sus hijos de manera diferente a como ellos mismos fueron criados, no necesariamente porque sus padres hayan hecho un mal trabajo, sino porque el ambiente que los rodea ha cambiado radicalmente. Ellos se están moviendo conscientemente de un modo de pensar de cristiandad y actuando en uno apostólico. Ellos saben que su vida familiar, si está bien establecida, no solo proveerá un buen ambiente para sus hijos sino que también será una fuente de intriga y esperanza para muchos alrededor de ellos que están buscando una mejor vida. Criar una familia cristiana siempre ha sido un deber muy serio; en un tiempo apostólico, es una aventura.

En otras instituciones de la Iglesia, (escuelas, universidades, caridades, parroquias) también se aplica el mismo principio. Dichas instituciones dejarán de ser significativas instituciones cristianas y católicas, a menos que haya entre sus miembros una claridad de identidad y entendimiento de sus objetivos. En un tiempo de cristiandad, una institución liderada de manera adormecida o desordenada, seguirá siendo más o menos cristiana, siguiendo la corriente de la cultura. En un tiempo apostólico será arrastrada rápidamente por la corriente y lejos de Cristo y de la Iglesia. Debido al peligro de esta corriente, las instituciones deben ser más selectivas en cuanto a quien emplean y más intencionales en la manera de entrenar a sus miembros. Aquellos que están acostumbrados a funcionar en un modo de cristiandad o aquellos que han perdido la narrativa cristiana y han sido capturados por la visión general de la cultura, no dudarán en pensar que esto es algo difícil: parecería doctrinario, riguroso o intolerante. Se han acostumbrado a flotar con la corriente y la energía y claridad que se necesitan para navegar río arriba, son ajenas a ellos. En vez de tomar como su modelo la totalidad del Evangelio de Cristo con toda su dificultad y claridad liberadora, ellos tenderán a adoptar la formulación de sus misiones como menos decisiva y que permite un convenio con el espíritu de la cultura reinante. Unas conversaciones vagas sobre los valores reemplazarán a la doctrina, a la liturgia y al discipulado, una receta para perder los ideales fundacionales de la institución. Por supuesto que aquellos que establecen o dan nueva energía a una institución deben ser cuidadosos de no volverse sectarios o paranoicos liderando desde el miedo en vez de hacerlo desde la fe. Ellos también deberán ser claros y decisivos.

La diferencia en la actitud entre las instituciones de la cristiandad y las instituciones en un medio apostólico se resalta en dos enseñanzas pastorales de Jesús. En un ambiente de cristiandad, "aquel que no está contra ustedes, está con ustedes" (Lucas 9, 50). En la cristiandad, mientras que no haya una oposición activa a los ideales de la institución, un cierto número de miembros apáticos o pobremente formados, no le harán daño. Ellos tenderán a acomodarse, al menos pasivamente, a la orientación de cristiandad de la cultura general y mientras que estas personas no ayudarán a hacer avanzar los asuntos, no entorpecerán el camino. En una situación apostólica, "el que no está conmigo, está contra mí y el que no recoge conmigo, desparrama" (Lucas 11, 23). No es suficiente en dichos tiempos tener una actitud neutral o de no compromiso hacia los objetivos de la institución a la que pertenece. Esta supuesta neutralidad no es de verdad neutral y eventualmente terminará siendo una oposición activa ya que dichos miembros que no se comprometen, muy probablemente se ajustarán a la visión social general sin antes pensarlo. Ya sea que así lo quieran o no, ellos estarán agregando su peso a la disolución de la institución por la erosión gradual de su propósito original.

En tiempos como los nuestros, un error típico de las instituciones de la Iglesia es simplemente no prestar atención a las preguntas sobre la visión general, asumiendo que dichos asuntos no tienen importancia o que ya están más o menos establecidos y limitándose a ellos mismos a trabajar en objetivos técnicos o administrativos. Dichos objetivos pueden ser encomiables o al menos necesarios, pero se pueden volver una distracción si se persiguen separados de preguntas más profundas. Si se ignoran los asuntos fundamentales y se persiguen los de menor importancia, se puede socavar el espíritu de la institución. Dado el clima actual, el resultado puede ser el desarrollo de instituciones que poseen excelencia técnica pero que no serán cristianas.

Por ejemplo, un aspecto del actual ambiente cultural (y una desafortunada expresión de su decadencia) es que las técnicas y los procedimientos son vistos como las consideraciones más importantes para lograr objetivos serios. Desafortunadamente, esta actitud puede ser adoptada por los responsables de las instituciones católicas. En vez de enfatizar las preguntas más profundas: ¿qué es lo bueno, la verdad y lo justo? ¿Cómo podemos verdadera y completamente desarrollar al ser humano? ¿Qué espera Dios de nosotros? ¿Qué nos llevará a la felicidad eterna y también a la temporal? Nuestra sociedad solo pregunta: ¿cuáles son las mejores prácticas? ¿Qué nos dará los resultados más altos? ¿Cuál es la última tendencia? ¿Qué se ajustará mejor a los presentes estándares profesionales? ¿Qué nos dará la mejor medida de prestigio social y profesional? ¿Qué será lo más rápidamente exitoso y que pueda medirse en su cantidad? Estas son a menudo preguntas importantes, pero solo se podrán responder bien cuando están incluidas y guiadas por principios más significativos, de lo contrario uno podría encontrar que la supuesta "mejor práctica" podría ser dañina para la dignidad humana de aquellos que la usan, o que el último descubrimiento pedagógico puede estar fundado en una antropología que asume una visión de la humanidad que es secular y por lo tanto tiende a destruir la fe de aquellos bajo su influencia, o que insistir en profesionalismo y reputación puede, en un momento dado, significar la traición al Evangelio de Cristo, o que buscar las ganancias puede resultar en la desestabilización del propósito verdadero de la institución.

4. Establecer y fortalecer prácticas que encarnen la visión Cristiana

Para que lo invisible, el mundo espiritual, se vuelva una fuerza viva en nuestras mentes, este mundo invisible debe estar visiblemente encarnado en tiempo y espacio. Este principio se relaciona con la naturaleza sacramental de las cosas, la intercomunicación entre lo material y lo espiritual y puede verse en la manera en que Dios se ha revelado a si mismo desde el principio. Al mostrarse como el creador, el centro de todos los seres, el auxilio y redentor de la humanidad, Él no llevó estas ideas meramente de manera esotérica a las mentes de las personas, Él formó estas verdades invisibles en formas visibles que serán un recordatorio de ellas y un camino para experimentarlas. Para ello, estableció como debía ser el Templo y el sacrificio, la Ley, el Sabbat, la formación de un pueblo distintivo, la manera completa de vida y alabanza que le dio a los israelitas. Finalmente, este principio de lo invisible manifestándose en lo visible, tomó una forma definitiva con la encarnación de la Palabra de Dios. Desde entonces se ha expresado de miles de maneras en la Iglesia. Mientras que la fe es mucho más que sus formas exteriorizadas, sin estas formas no podrá sobrevivir.

Lo que ha sido verdad sobre la Iglesia, es verdad universal. Cada sociedad, aparentemente por una ley interna de su naturaleza, expresa su visión reinante en un conjunto de instituciones y prácticas dentro de las cuales sus ideas y principios se revisten. De esta manera la visión reinante se hace viva en las mentes e imaginación, como también en los ambientes físicos y temporales, de sus miembros. Lo que hacemos, el tipo y manera de actividades con las que nos envolvemos, la manera de organizar nuestras vidas, la manera en que estructuramos el mundo a nuestro alrededor, como ordenamos nuestro tiempo, todo tendrá un gran peso en lo que pensamos y creemos. El dicho "fuera de la vista, fuera de la mente" es una manera popular de llegar a esto. Las ideas que no están encarnadas en las cosas del mundo, pronto pierden su lugar en nuestras mentes. Este principio tiene una importancia especial para los cristianos. La cristiandad envuelve la revelación de un mundo en su gran mayoría invisible, principalmente lo concerniente a la existencia de Dios, pero que también incluye al alma inmortal de los humanos, seres angelicales, la verdadera casa de los humanos en el cielo y un juicio venidero. Si estas realidades invisibles no se encarnan de manera visible, muy pronto sus presencias en la mente y la imaginación se debilitarán.

En tiempos de cristiandad, la visión Cristiana es la principal influencia que da forma a la "arquitectura" de la sociedad como un todo. No solamente de los edificios de las Iglesias y los servicios de alabanzas, sino también de la organización de las ciudades, de los sonidos de las campanas, la división del año en temporadas y fiestas, la manera de trabajar, de vestir, de comer y de hablar, todo expresa al mundo invisible que está por detrás del mundo visible. Cuando el mundo de cristiandad ya no está presente y la sociedad está yendo en una dirección diferente, los cristianos deben encontrar maneras de crear una arquitectura social que encarne, de manera creciente, una visión Cristiana contra cultural.

Nuestra sociedad actual, que en un tiempo estaba visiblemente ordenada hacia la cristiandad, ha sido transformada. Ahora encarna una visión muy diferente y que está apuntalada por un conjunto de principios muy diferentes. Se ha olvidado bastante del mundo invisible, a tal punto, que sus ritmos y prácticas están definidas por lo visible y lo temporal. A quienes están bajo su influencia, lógicamente, les resultará difícil mantener un sentido claro de lo invisible y de las realidades eternas; llegarán a creer en lo que ven y practican. Un soldado lejos de su hogar pondrá una foto de su esposa y de sus hijos en un lugar prominente para mantener vivos su afecto y fidelidad hacia ellos. De manera similar, una persona cristiana y la Iglesia toda encontrarán maneras de expresar el mundo invisible alrededor de ellos a través de prácticas y costumbres, si se impide que esta visión esté presente en sus mentes, finalmente la perderán. Para la mayoría, esto no quiere decir que hay que construir un mundo social y cultural completamente diferente, significa que hay que aprender a liberarse de algunas prácticas seculares que hay a nuestro alrededor encontrando maneras creativas que nos recuerden como es el mundo de verdad. Se puede cambiar la manera en que priorizamos nuestro tiempo, como planeamos nuestro hogar y como usamos la tecnología, dirigiendo todo a la construcción de la encarnación genuina de una visión cristiana del mundo que sea coherente y positiva.

A este respecto, la liturgia es de gran importancia siendo el punto principal, el origen de la encarnación visible de la realidad invisible. La constitución sobre la sagrada liturgia del Vaticano Segundo, *Sacrosanctum Concilium*, expresa este principio de esta manera:

"Es característico de la Iglesia ser, a la vez, humana y divina, visible y dotada de elementos invisibles, entregada a la acción y dada a la contemplación, presente en el mundo y, sin embargo, peregrina; y todo esto de suerte que en ella lo humano esté ordenado y subordinado a lo divino, lo visible a lo invisible, la acción a la contemplación y lo presente a la ciudad futura que buscamos." (Párr.2)

En un tiempo de declinación de la cristiandad, la reforma litúrgica del Vaticano Segundo fue un intento de revitalizar la liturgia con la potencialidad de mantener una visión alternativa del mundo. Ese propósito, lamentablemente se fue desviando con la experimentación litúrgica post Vaticano Segundo que se inclinó a abrazar y encarnar la visión secular y lo visible de la sociedad en general. Nuestra práctica litúrgica demanda una atención considerada para que sirva como el punto central para la encarnación de la cultura cristiana. Pero más allá del orden apropiado de la liturgia, una era apostólica demanda la elaboración de un tejido completo de vida diaria, de prácticas personales y de recordatorios visibles que hablen sobre el mundo invisible.

5. Repensar la vida sacerdotal y la educación a la luz del contexto cultural actual

Se ha mencionado anteriormente que las familias que toman su fe católica seriamente, encuentran que es cada vez más necesario hacer ajustes para poder florecer en una situación apostólica y misionera. Lo mismo es verdad, y quizás más apremiante, para los sacerdotes. La vida de familia y sus ritmos tienen una cierta cualidad natural que permite al menos algo de simpatía y afinidad con casi todas las sociedades humanas; el sacerdote, aparte del entendimiento del mundo que Cristo y la Iglesia ofrece, es una figura ambigua y su papel en la vida parece no tener sentido. Por lo tanto, en un tiempo misionero, le incumbe a la Iglesia prestar una atención especial a la educación de los sacerdotes y al estilo de sus vidas, no solamente en lo moral sino en toda la atmósfera ya que el sacerdote tiene una responsabilidad especial de llevar la visión cristiana a todos los fieles. Nuestro modelo actual de entrenamiento de los sacerdotes y la forma típica de la vida sacerdotal como la experimentamos ahora, fueron desarrollados en tiempos de cristiandad y dependen de una sociedad cristianizada para que funcione de manera razonable. Por lo tanto no es sorprendente que el colapso de la cristiandad esté llevando a una crisis en la vida sacerdotal. Es una necesidad urgente de nuestro tiempo pensar en maneras de preparar a los sacerdotes y de proveer espacios de vida sacerdotal de manera que estén preparados para responder a las demandas nuevas de un tiempo apostólico.

En un tiempo de cristiandad el sacerdote es un miembro de la sociedad bien conocido y comprendido. Donde sea que vaya su identidad y función serán reconocidas. Aun así, todavía tiene un importante deber, modelar su corazón y sus conductas en Cristo y servir a todos aquellos que tiene a su cuidado con caridad y celo, pero es muy probable que no se olvide quién es como sacerdote y por qué fue separado del pueblo para servirlo. Él fue creciendo desde niño con un entendimiento implícito de su llamado, todo su alrededor se lo recuerda y la visión de la sociedad le ayuda a darle sentido a su vida y a su misión. En una sociedad así, un sacerdote con gran corazón que toma en serio su llamado seguramente encontrará su camino, un camino claro y conocido y se espera de él que lleve a cabo sus funciones con fe, diligencia y caridad. En su preparación, además de aprender sobre sus deberes sacramentales, deberá recibir formación teológica para que pueda ser una fuente confiable de la verdad cristiana para aquellos a los que sirve. La formación de su carácter y su visión general del mundo estará ya casi desarrollada. El seminario continuará la formación sobre el ambiente cultural general y hará un trabajo adecuado en esto si profundiza y purifica lo que ya está presente en el seminarista y viene de su familia y sociedad.

El ambiente apostólico actual es diferente. Aquellos que dan un paso hacia el sacerdocio (casi la mayoría de ellos) no solo necesitarán formación teológica, también necesitarán una conversión de mente y visión, apareada con la correspondiente transformación de conductas que contrastan mucho de lo que han absorbido de la cultura general. Los modelos de vida y de pensamientos que los han rodeado desde su infancia, a menudo de manera sutil, deberán ser reordenados, no solo hacia un código moral cristiano, el que quizás esté presente, sino hacia una holística narrativa y visión cristianas. Los esfuerzos recientes por implementar una preparación robusta o un año espiritual en la formación sacerdotal (una oportunidad para sanación personal, conversión intelectual y "desintoxicación" cultural) están precisamente en línea con las necesidades de nuestros tiempos.

Luego de la ordenación al sacerdocio, en la cultura que los rodea hay muchas cosas que tenderán a la destrucción de la vida sacerdotal a menos que se hayan tomado medidas apropiadas para mantenerla firme. En un tiempo apostólico, la articulación y construcción de una vida sacerdotal firme es necesariamente un esfuerzo comunitario. Solamente bajo circunstancias excepcionales, un general intentaría mantener un ataque en territorio enemigo que está siendo bien defendido con la estrategia de enviar a la batalla a un soldado a la vez. En un tiempo apostólico, también es una imprudencia para los sacerdotes pensar que pueden sobrevivir en una cultura que está sostenida por el enemigo, mucho menos prevalecer de manera efectiva enfrentando todo esto solos. El mismo Cristo no intentó hacerlo, siempre salió con compañía y las primeras misiones apostólicas se llevaron a cabo con una banda de trabajadores apostólicos. En tiempos apostólicos, no es suficiente para un sacerdote tener buen corazón y ser sincero, a pesar de que estas son cualidades excelentes y necesarias. En un tiempo apostólico, enviar a un sacerdote solo y sin preparación a la cultura actual, es como enviar a un soldado solo y sin defensas a enfrentar un ejército bien armado y preparado. La sinceridad sola no puede ganar este tipo de batallas.

La cuestión aquí no es si nuestros sacerdotes actuales son devotos o no, trabajadores o no, sinceros en su llamado, o dignos de elogio como buenos servidores. La cuestión tiene que ver con la organización objetiva de la vida sacerdotal hacia un fin específico. ¿Nuestra formación sacerdotal ofrece el contexto para el tipo de transformación mental y de visión que son necesarios para nuestro tiempo apostólico? ¿El modelo típico de vida sacerdotal, ya sea diocesano o religioso, tiende en general a darle al sacerdote lo que necesitará para realizar bien sus funciones y para llevar una vida santa y fructífera? ¿La atmósfera en la que se está desarrollando inspira a los que están bajo su influencia con una visión cristiana holística? Aquí una examinación sincera llevará a la conclusión de que ni la presente formación sacerdotal, ni la presente configuración de la vida sacerdotal están particularmente bien ordenadas para llevar a cabo estas tareas apostólicas. Un sacerdote diocesano que desea encarnar estas virtudes, con frecuencia tendrá que batallar en vez de avanzar en la vida sacerdotal que tiene en frente (lo mismo se podría decir de algunos sacerdotes de órdenes religiosas). Se verá forzado, en mayor o menor medida, a construir la arquitectura de su vida sacerdotal por sí mismo y los desafíos serán demasiados. Fácilmente puede sentirse aislado y por lo tanto haciendo menos real su propio testimonio de amor fraternal. Por la necesidad que las circunstancias presentan, operará de manera independiente y deberá encontrar su propio camino en muchos detalles de su vida. Se encontrará a sí mismo en una posición de afluencia o quizás con riquezas (al menos llevando una cómoda vida de clase media o más alta, a menudo con acceso a más riquezas de la que el mismo podría obtener y que provienen de los generosos parroquianos fieles). Se encontrará prácticamente solo planificando iniciativas de evangelización. Estará tan ocupado que le resultará difícil mantener una consistente vida de oración y hábitos de estudio que mantengan su mente alerta y sus prédicas renovadoras. Será vulnerable a una sobredosis de entretenimiento en los medios, lo que se volverá una carga para su vida de castidad y para su propio sentido de lo sagrado y a través de lo cual estará, a menudo de manera inconsciente, bebiendo las narrativas y las asunciones del mundo no cristiano. No tendrá un mecanismo obvio de corrección fraternal y si empieza a extraviarse iniciará un largo y peligroso camino hacia abajo antes de que lo cuestionen o detengan. En general, tendrá un gran desafío para promover una visión cristiana en medio de una cultura que promueve una visión diferente y un evangelio diferente. Esto hará que le resulte difícil mantener el celo apostólico durante los largos años y décadas de su servicio y puede fácilmente volverse una presa de la fatiga, del cinismo, la laxitud y aun el desánimo.

El que muchos sacerdotes no se rindan ante dichas tentaciones y sigan el camino del celo apostólico, de la santidad y desarrollen actividades apostólicas es un testimonio de su heroísmo silencioso y de la gracia de Dios. Pero dadas las situaciones actuales, no es de sorprenderse que muchos sacerdotes no logren evitar las trampas inminentes. El número de los que dejan la vida sacerdotal, de los que caen en el escándalo público o se acostumbran a una poco feliz y tibia vida sacerdotal, son un testimonio de estas dificultades. Muchos de ellos son hombres de buen corazón a los que le hubiese ido diferente si sus vidas se hubiesen formado de manera más conducente hacia el llamado apostólico. Para los que mantienen una vida de oración, caridad y celo apostólico, la energía que deben usar para mantener esa vida en contra de lo que se siembra en la cultura, puede ser extenuante.

Definir cómo articular mejor y vivir el llamado sacerdotal apostólico en el mundo moderno y post-cristiano, será una tarea para una generación completa de sacerdotes y sin duda se logrará de muchas maneras. En situaciones dadas, es probable que el tipo de remedio que se necesite no se encuentre en lo que habitualmente se llama "apoyo sacerdotal," lo que tiende a ser terapéutico y se logra proveyendo un mínimo de amistades y unas oportunidades para hablar sobre ciertas cosas y ser comprendido. Dichos remedios son probablemente insuficientes para responder a los desafíos de una era apostólica. No es apoyo emocional lo que más se necesita, sino una estructura de vida completa en la que el sacerdote pueda ejercer su llamado para el bien de los demás. El sacerdote necesita vivir y ser animado por una visión cristiana y por prácticas que tocan cada aspecto de la vida: un modelo ordenado a la obediencia amorosa para enfrentar al perenne ídolo del orgullo, ordenado hacia la castidad para enfrentar la agresiva erotización de la cultura general, ordenado hacia la pobreza para enfrentar la creciente codicia y el degradante consumismo, ordenado hacia la fraternidad y la vida en común para contrarrestar el aislamiento y la fragmentación que está invadiendo la vida moderna y para ser testigo del amor fraternal, ordenado hacia la oración, la liturgia y al mundo que no se ve para estar en contacto con los aspectos más importantes de la realidad, ordenado hacia la austeridad para batallar con el acuciante empuje hacia la comodidad y para mantener el celo misionero, ordenado hacia la caridad y a la proclamación efectiva del Evangelio para que llegue al corazón de la gente, ordenado hacia el amor por la Palabra y el estudio teológico para poder catequizar y enseñar la fe y poder y responder a los desafíos intelectuales de una era altamente sofisticada y ordenada a iniciativas comunes que lancen una nueva misión evangélica. Y por encima de todo esto, una visión ordenada a una profunda alegría de vivir que es dada por el amor de Cristo y por imitarlo, conformarse a Él en el sacerdocio, consagrarse completamente a Él y a su servicio.

El punto de esta discusión no es elaborar una lista de virtudes sacerdotales deseables; es, en cambio, preguntarse sobre el modelo general de la formación de los seminarios y la vida sacerdotal dentro de la cual verdaderamente vive el sacerdote y desempeña su rol. En medio del presente contexto de la post-cristiandad, la formación y el modelo de vida ¿tiende a la claridad, la santidad y el celo apostólico del sacerdote que tiene el deseo de abrazar lo que está a su alrededor? La configuración actual pudo haber funcionado lo suficientemente bien para muchos sacerdotes en el pasado, pero un modelo de vida sacerdotal que fue adecuado para una determinada configuración cultural, puede ser insuficiente, y quizás irresponsable, para otra.

6. Designar recursos manteniendo en mente la apostolicidad

En tiempos de transición como los nuestros, aquellos a los que se les confía el liderazgo deberán prestar atención a ambos: al mantenimiento del orden institucional existente y al desarrollo de iniciativas apostólicas. Debido a que el trabajo apostólico no es inmediatamente productivo y requiere un modo diferente de pensar, la tendencia puede ser a privarlo de recursos y simplemente acomodarlo dentro del sistema. Bajo este escenario, cuando se prueba que una manera de cristiandad para ordenar la Iglesia y las instituciones es poco viable, los recursos disponibles disminuyen y se hacen cada vez menos hasta que, en cierto punto, sobreviene un colapso institucional masivo. En cambio, sin abandonar la estructura institucional existente, la necesidad está en dar recursos significativos al desarrollo de iniciativas apostólicas que producen conversión, especialmente entre los jóvenes. Probablemente no exista un cálculo fácil para determinar cuando una institución o iniciativa merece ser salvada y cuando debe ser dejada de lado o abandonada y usar esos recursos para otras oportunidades. Es cuestión de estar continuamente evaluando con prudencia, la situación apostólica en general.

Dicha designación de recursos no se puede hacer sin un serio "deseo político," ya que significará por ejemplo, que las parroquias compartan un párroco mientras que otros sacerdotes usan su tiempo en lo que parecen actividades menos importantes o menos productivas. Podemos usar la analogía con un ejército en retirada que necesita abandonar cierto territorio para ganar fortaleza y renovarse para su ataque futuro. No abandonará el territorio que puede mantener y no cederá fácilmente, pero asignará a algunos de sus soldados en la posición apropiada y cuando se vuelve claro que cierta parte del territorio ya no se puede mantener, llevará a cabo la retirada en el orden apropiado e invertirá la mayoría de su energía en batallas que son estratégicamente importantes. La alternativa es aferrarse a cada espacio de territorio hasta que llegue el colapso y el ejército quede rodeado y sin posibilidades de contra atacar.

Este principio aplica en gran escala a una diócesis u orden religiosa, pero también se lo debe usar a cada instante en las instituciones locales: la familia, la parroquia, la escuela y la sede local de una organización. En un tiempo apostólico como el nuestro, no hay garantía de que las cosas continuarán funcionando simplemente porque alguien aparece como administrador. Sin una genuina conversión de la visión general y sin una seria formación de las mentes, la institución se desviará y lentamente desaparecerá. Los párrocos, los administradores de escuelas y otros en posiciones de liderazgo deben mantener un ojo en lo apostólico, buscando entre sus miembros a discípulos genuinos y comprometidos y ofreciendo maneras de nutrirlos. El objetivo es crear un ambiente amistoso hacia lo apostólico y en el que se animen y promuevan iniciativas misioneras.

El modo apostólico de liderar una institución tiende a su renovación, pero dicha renovación en la Iglesia viene de un número (relativamente) bajo de aquellos a quienes les fue dada la gracia de una intensa vida espiritual para el bien de todo el cuerpo. Puede haber un deseo natural de querer ver todos los botes andando juntos. Para algunos, esto quiere decir que cualquier iniciativa que se lleve a cabo, la debe llevar a cabo cada uno de los miembros. Cualquier grupo u organización con una vida de fe un poco más vibrante que lo habitual provoca incomodidad e inmediatamente se desarrolla un intento por encontrar maneras de "llevar el fuego" para que todos participen. Es verdad que el don de fe que se le ha dado a un individuo o a un grupo es para que se convierta en un tesoro para toda la Iglesia, pero esto sucede precisamente cuando aquellos que han recibido el carisma son fieles a él. El intento por desparramar indiscriminadamente por todos lados un regalo como ese sería como quitar las bases de un fuego que arde y desparramarlo por el suelo para que el calor se distribuya mejor. Todo lo que pasará es que el fuego se extinguirá. Los que están en posiciones de responsabilidad deben entender el dinamismo de una renovación apostólica para poder promoverla y nutrirla apropiadamente. No todos participaran en dicha renovación de la misma manera o con la misma intensidad o al mismo tiempo.

7. Estar preparados para un cierto "desorden" apostólico

Cuando una genuina conversión está tomando lugar, y especialmente cuando afecta a los jóvenes, hay entusiasmo, sentido de crecimiento y una urgencia por el poder del Evangelio. Pero también es cierto que discípulos bien vivos traen más problemas. Pueden emerger: un celo sin estructura, actitudes rigurosas, idiosincrasia o aun posturas heréticas que se mantienen con gran energía y rivalidades entre individuos y grupos. Para un administrador apático esto no es más que problemas y después de todo, los cuerpos muertos son mucho más fácil de acomodar que a los vivos. Pero si la Iglesia quiere mantenerse viva y atraer a la cultura general, debe estar preparada para este tipo de desorden que viene acompañado de energía. Los que están en posición de liderazgo (obispos, sacerdotes, rectores de seminarios, directores de instituciones, padres y maestros) deberían tener un instinto por lo apostólico y deberían recibir con agrado a la energía apostólica, aunque signifique tomar ciertos riesgos. La Iglesia tiene una larga historia de manejo de dicha energía y ciertamente no le debería tener miedo. Jesús tenía un amor especial por Juan y Santiago, el "hijo del tueno," aunque tuvo que reprenderlos ocasionalmente y su elección para el apóstol de los gentiles fue quizás un caso difícil. Uno se podría preguntar que sintieron Ananías y los demás quienes tuvieron el deber de recibir a San Pablo, después de su conversión, en la iglesia local de Damasco. Difícilmente haya sido el modelo de seminarista que muy a menudo se postula en una cristiandad dormida y en decadencia (cordial, tibio y que no causa problemas). A veces es mejor tener que moderar al que tiene mucho celo que tratar de convertir a un escéptico o inspirar a un apático.

8. Esperar que la influencia cultural llegue primariamente por parte de los testigos asombrosos

En un tiempo de cristiandad, mucho de la influencia de la Iglesia se lleva a cabo por parte de los que están "dentro" de la sociedad. La cristiandad tiene un lugar privilegiado en la cultura, sus representantes son escuchados con respeto y se puede lograr mucho con diplomacia, cultivando las relaciones y manteniendo posiciones de influencia. El arte de la política, entendido en el buen sentido, pasa al frente como una manera de guiar a la cultura hacia Cristo. La tarea difícil después, es ver que aquellos que ganaron posiciones de influencia no se han corrompido por la codicia y el deseo de poder y fama. En tiempos apostólicos, la influencia se ejerce menos por el arte de la política y más por un testimonio vivo del Evangelio. El mundo antiguo, que inicialmente mantuvo al movimiento cristiano con desdén, tuvo una gran impresión cuando vieron el gran valor de los mártires, el cuidado que los cristianos daban a los pobres y enfermos y el gran valor moral en la vida de los creyentes sin educación. Estos testigos de la fe, eventualmente, contribuyeron a la conversión de la cultura. Nos estamos moviendo otra vez hacia una era apostólica.

En tiempos como los nuestros, muchos intentaran ejercer influencia en un modo de cristiandad desde adentro y encontrarán que los resultados son menores y que los efectos serán más corruptos. La posibilidad de influenciar a la sociedad de esta manera se vuelve cada vez menos posible y aquellos que piensan que están abriendo camino, a menudo se encontrarán con que han sido usados por otros con intereses muy diferentes. Se necesita un cambio de actitud. La Iglesia en tiempos como estos necesita cultivar un espíritu que persiga su verdadera vocación heroica y que pasa menos tiempo preocupándose por lo que piensa la sociedad. Esto permitirá el tipo de testimonio que *pueda* tener una influencia profunda y últimamente ayudar a convertir a la cultura. El testimonio de la Madre Teresa y el de sus hermanas es un ejemplo del tipo de heroísmo diario que se necesita en estos tiempos.

La famosa afirmación del papa Pablo VI de que el hombre moderno está más dispuesto a escuchar a un testigo que a un maestro, y que se ha incluido al inicio de esta sección, quizás se pueda apreciar mejor bajo esta luz. Podríamos estar tentados a interpretar esta profunda observación de acuerdo a una visión moralista e individualista, tan común en la modernidad, y así pensar que está hablando principalmente sobre acciones morales impresionantes y que han sido llevadas a cabo por algunos individuos. Mientras que su significado ciertamente incluye dichas acciones y marca la necesidad de que los cristianos vivamos la fe que profesamos si queremos tener la esperanza de lograr que se escuche el Evangelio, esto no dice la historia completa. Estas acciones morales impresionantes y visibles no son fáciles de encontrar; mucho (quizás la mayoría) del heroísmo cristiano toma lugar fuera de la vista del público. Otra mirada a la Madre Teresa nos dará la señal de otro significado más completo de lo que es ser testigos de la fe. La Madre Teresa hizo mucho más que cuidar personalmente de aquellos que estaban en los límites de la vida, y hacer esto fue muy hermoso. Ella estableció una orden de hermanas cuyas vidas y maneras de ser dan testimonio de una completa visión del mundo; por sus hogares, sus oraciones, su castidad, sus vidas simples, su modo alegre y sus trabajos por los pobres, las Misioneras de la Caridad han encarnado de manera convincente y han expresado a los demás una manera diferente de ver todo. Ellas se han hecho testigos comunes de los grandes tesoros que se encuentran en Cristo, de lo superfluo de las riquezas, del amor de Dios por cada persona sin importar que tan oscura sea su vida y para millones alrededor del mundo, el sari (hábito) blanco y azul de la Madre Teresa se ha vuelto un ícono del amor y la misericordia de Dios. En un tiempo apostólico, el testimonio más potente y verdadero de la Iglesia llega de esta manera, en su vida comunitaria, con todos sus aspectos apuntando a la realidad del mundo invisible.

No es un error poco común en nuestros tiempos de transición, que aquellos que intentan una estrategia pastoral y evangélica, se muevan exactamente en la dirección equivocada con respecto al testimonio cristiano. Al estar acostumbrados a una situación en la que la mayoría de la sociedad son miembros de la Iglesia, han tomado esto como normativa para todos los tiempos y como la única postura auténtica de la Iglesia en la sociedad. Mientras que muchos se están yendo de la Iglesia por la influencia de la visión no cristiana reinante o mientras que los que se quedan y permanecen como miembros, se quejan de las doctrinas y disciplinas o de los aspectos morales de su visión por que no se ajustan fácilmente a las actitudes culturales prevalecientes, algunos en la Iglesia quieren ajustar o dejar de lado los aspectos "difíciles" del Evangelio para mantener a las personas en las bancas. Para aquellos con esta visión, la peor situación para la Iglesia es encontrar que la mayoría no está con ellos. Parecería una señal de que están fallando en su deber fundamental, a pesar de las palabras de Jesús sobre la puerta angosta y la puerta ancha, los muchos y los pocos (cf. Mt. 7 et al.). Entonces, buscan una manera de negociar para mantener la esperanza de ser contemporáneos y relevantes: si el mundo no se permite elevarse hasta el nivel de la Iglesia, entonces la Iglesia tendrá que bajarse al nivel del mundo. Aunque las motivaciones para estos ajustes es comprensible, en la práctica esta manera de proceder prueba que es inefectiva (sin si quiera hablar sobre la fidelidad al Evangelio). En un tiempo apostólico la Iglesia debe ser no menos, sino más exigente con sus miembros; las líneas distintivas de su vida y de su visión deben comunicarse claramente, no de manera misteriosa. A través de este testimonio tan distintivo, podrá ejercer su verdadera influencia en la sociedad.

Hay un lado opuesto a esta actitud hacia la vida y testimonio de la Iglesia. De la misma manera que la Iglesia pedirá más a sus propios miembros en tiempos apostólicos, ella esperará menos de los que no son sus miembros; no demandará de aquellos que no han tenido una genuina conversión cristiana en la manera de ver y vivir, que acaten la manera en que ordena su vida o que entiendan cómo y por qué lo hace. Esperar esto, es continuar pensando en un modo de cristiandad, es insistir en que todos en la sociedad sean o deberían ser cristianos, al menos materialmente. En cambio, la postura primaria de la Iglesia en un mundo que no cree no es imponer la ley, lo que implica el conocimiento de su existencia y propósito, sino invitar con una actitud de misericordia y esperanza a una relación con un Dios vivo que se incorpora en una nueva humanidad, en una manera completamente nueva de ser y ver, una que libera y trae significado y alegría.

Esta doble postura hacia la Iglesia y la sociedad en general puede ser difícil para muchos católicos en Estados Unidos, no solo porque marca un tiempo nuevo y desafiante (una perspectiva sobria en si misma), sino también porque durante el último medio siglo muchos católicos han inconscientemente adoptado una visión narrativa estadounidense por la cual Estados Unidos es visto, efectivamente, como Iglesia. Una fuerte presión de la narrativa mítica estadounidense ve a Estados Unidos como la esperanza del mundo, la verdadera "sal de la tierra." Pocos católicos lo expresarían de esta manera, pero esta asunción subyacente está presente y es poderosa. Esta influencia se puede ver en el tipo de fervor religioso presente en el patriotismo estadounidense, en la actitud práctica con la que los asuntos más importantes que enfrentamos se tratan en el mundo político y en la pérdida fundamental de esperanza cuando parece que Estados Unidos "está perdiendo." Para los que han asumido esta visión, un tipo de transposición tiene lugar. La preocupación legítima de que la Iglesia mundial, habitada por el Espíritu Santo y llamada a ser luz, permanezca fiel a Cristo y se mantenga con altos estándares de pureza en su misión para la salvación del mundo, se redefine como la preocupación de que Estados Unidos sea fiel a sus ideales fundacionales para que el mundo no se pierda. Ya sea que esa misión salvífica de los Estados Unidos se vea como la diseminación de una democracia capitalista o la restauración del mundo a través de los objetivos de las Naciones Unidas, el error es el mismo. Cualquiera hayan sido las virtudes genuinas y los logros de Estados Unidos, que por cierto no son insignificantes, y que tan bueno sería que Estados Unidos permanezca fiel a sus tradiciones, esta manera de ver las cosas tiene poco que ver con la fe cristiana y es miserablemente inadecuada para las verdaderas necesidades de la humanidad.

Debemos ser muy claros sobre esto: aun si amamos a nuestro país y esperamos que prospere y ejerza buenas influencias más allá de sus límites, sabemos que Estado Unidos no es la esperanza del mundo. Ese honor le pertenece a Cristo solamente y a su trabajo a través de su cuerpo, la Iglesia. No nos debería sorprender, ni debería afectar a nuestra esperanza cristiana, aunque sea triste y desafortunado, que Estados Unidos sea susceptible a la corrupción de la humanidad caída. La Santísima Virgen fue concebida inmaculada, no la república estadounidense.

V

Trabajo clave: la conversión de mentes para ver de una manera nueva

---

Esta misión [misión apostólica de la Iglesia] ha asumido en la historia formas y modalidades siempre nuevas según los lugares, las situaciones y los momentos históricos.
En nuestro tiempo, uno de sus rasgos singulares ha sido afrontar el fenómeno del alejamiento de la fe, que se ha ido manifestando progresivamente en sociedades y culturas que desde hace siglos estaban impregnadas del Evangelio. Las transformaciones sociales a las que hemos asistido en las últimas décadas tienen causas complejas, que hunden sus raíces en tiempos lejanos, y han modificado profundamente la percepción de nuestro mundo.

— PAPA BENEDICTO XVI, Ubicumque et semper

EL PRINCIPAL trabajo evangélico en un tiempo apostólico, un trabajo que también se debe pedir a muchos dentro de la Iglesia, es presentar el Evangelio de manera que las mentes de los que lo escuchan puedan tener la oportunidad de ser transformadas, convertidas en su manera de mirar al mundo para verlo de una manera diferente.

En un tiempo de cristiandad, una conversión más profunda hacia Cristo habitualmente significa tomar más seriamente las enseñanzas *morales* de la Iglesia. Muchos de los que viven en dicho tiempo aceptan un conjunto de verdades dogmáticas y sobre el futuro: creen en Dios, en el cielo y el infierno, en un mundo espiritual de ángeles y demonios y un juicio final. Ellos saben, tienen la noción, de que esta vida es una preparación para otra vida. Estas verdades y esta visión pueden estar dormidas en ellos, difícilmente vayan a influenciar sus comportamientos, pero están presentes. En un contexto como este, cuando una persona llega a una conversión más profunda y está determinada a seguir la fe, el resultado se ve principalmente en la esfera moral: una disposición a seguir los mandamientos y a hacer lo que se conoce como correcto. En tiempo de cristiandad, gran parte de la prédica y la enseñanza asume la narrativa cristiana y se enfoca en enfatizar la obediencia a los preceptos morales de la Iglesia. Naturalmente esto es suficiente, pero presenta un problema cuando el dosel imaginativo de la cristiandad ya no está en su lugar. Puede dar lugar a una idea, a menudo inconscientemente, de que ser cristianos significa llevar una buena vida moral y nada más. Los comentarios como, "conozco a ateos que son más cristianos que muchas de las personas en la Iglesia," son indicativos de esta actitud. La totalidad de la fe cristiana, tiende a quedar reducida a seguir un orden moral específico.

En un tiempo apostólico, aquellos que presentan el Evangelio, ya sea en sus parroquias o familias, deben asumir que la mayoría de sus oyentes no están convertidos o lo están a medias en sus mentes e imaginación y que han adoptado, a cierto nivel, la visión no cristiana dominante. La nueva evangelización apunta a la renovación de la mente porque reconoce que las mentes de las personas han sido bombardeadas con una embestida diaria de evangelios falsos que llevan a la confusión y distraen de las realidades invisibles para concentrarse solamente en este mundo. La prédica en tiempos apostólicos debe iniciar con una apelación a una manera completamente diferente de mirar las cosas; debe ofrecer una narrativa diferente sobre el gran drama humano; debe apuntar a poner en su lugar los elementos claves de la visión cristiana integrada del mundo, dentro de la cual, las disciplinas morales y espirituales que la Iglesia impone encuentran su lugar.

Es un error estratégico predicar solamente sobre la visión moral cristiana antes de que la mente y la visión general hayan al menos iniciado su transformación; es poner la carroza delante de los caballos. En nuestro tiempo, la razón por la que gran parte de la enseñanza moral de la Iglesia cae en oídos sordos, es porque no tiene sentido de acuerdo con la visión reinante de la sociedad. Mientras esa visión mantenga su influencia en la mente de un individuo, la enseñanza sobre la verdad moral (excepto cuando los preceptos morales cristianos están en línea con los de la visión reinante) será inefectiva y provocará desconcierto o enojo.

Demos un ejemplo por fuera de la estricta esfera moral, pero que todavía está relacionado con ella y que dilucida la necesidad de nuestro tiempo: a menudo se dice que un gran porcentaje de católicos en Estados Unidos no creen en la doctrina de la Presencia Real. Ellos miran la Eucaristía con un significado ritual y simbólico pero no como la transformación de pan y vino en el cuerpo y la sangre de Cristo. Algunos responden a esta situación diciendo que debemos ser más claros sobre lo que la Iglesia enseña, su visión es que aparentemente muchas personas no saben lo que es esa enseñanza. Aunque en esta situación puede haber ignorancia sobre las enseñanzas de la Iglesia, un factor más significativo es la falta de una visión sacramental del mundo. Viviendo en nuestra cultura y adoptando su visión reinante, estos católicos han asumido, como evidente en sí misma, una visión materialista y "científica". Si algo se ve como pan, tiene el gusto del pan y tiene la composición química del pan, entonces es pan. Un sacerdote diciendo unas oraciones en medio de un rito particular no cambia esto. Muy posiblemente, muchos católicos que dicen que creen en lo que la Iglesia enseña sobre la Eucaristía de hecho no lo entienden del todo. Ellos quizás lo reconozcan por el deseo de ser obedientes, pero no tiene un verdadero significado para ellos; no sabrían cómo defenderlo y sus convicciones son frágiles y se pierden fácilmente.

Lo que se necesita aquí es una conversión de la mente hacia una visión sacramental del mundo. No solamente en la Misa, sino todo el tiempo, vivimos en una realidad sacramental: habitamos en ambos mundos, visible e invisible, nos abrimos camino a través de una mezcla de lo visible y lo invisible, de tal manera que lo que pasa en el plano visible tiene implicaciones en el vasto mundo invisible. Nuestros cuerpos son sacramentales, mezclándose lo espiritual con lo material; el entendimiento católico sobre qué y cómo comemos, que hacemos sexualmente, como tratamos a aquellos que están enfermos o muertos, apuntan a la manera en que el mundo entero funciona. Sumergir a una persona en el agua verdaderamente puede, bajo las circunstancias necesarias, transferirle un alma inmortal desde el reino de la oscuridad al reino de la luz. Caminamos en la presencia de poderosos e invisibles seres angelicales, no solo cuando pensamos en ellos, sino todo el tiempo. Tocar a otra persona envuelve a dos seres en un contacto espiritual significativo. El mundo es un lugar encantado, peligroso y momentáneo en el cual estamos trabajando para un destino alto e incomprensible que trasciende el tiempo y el espacio. Esta visión del mundo está en consonancia con lo que las ciencias naturales han descubierto, pero también va más allá. Una vez que la esfera del mundo más allá de lo natural se ve y se abraza, el conjunto entero de doctrinas se vuelven fáciles de entender y de creer.

Lo que es verdad sobre la Eucaristía y los sacramentos es también verdad en muchas de las prácticas católicas en otras áreas. La enseñanza católica sobre el sexo tienen sentido cuando está incluida en la visión católica; tiene poco sentido bajo la subjetividad de la presente visión naturalista pre establecida y puede aún parecer moralmente mala. La obligación de asistir a Misa, el deber de la fidelidad en un matrimonio difícil o la obediencia a superiores incompetentes, el significado del sufrimiento, la misma existencia de una doctrina de salvación que se debe creer, se pueden comprender solo cuando se los percibe como el trabajo natural y completo de una realidad cósmica. Esto significa que la exposición del Evangelio, en la enseñanza y en la prédica, en la liturgia, en la arquitectura y en las artes necesita enfatizar en esta conversión de la mente. Debe haber una narrativa que contrarreste la abrumadora narrativa no cristina actual que se ofrece. La mítica visión cristiana (la verdadera) debe hacerse presente de tal manera que pueda desplazar a los falsos mitos de hoy, presentes en las mentes de los creyentes y de los que están en la búsqueda. Cuando esto ocurra, las cuestiones de moralidad, la disciplina de la Iglesia y los artículos de la fe se volverán más fáciles de comprender. Hasta que esto suceda, habrá medias conversiones, quizás, y una confusa e inadecuada respuesta al Evangelio. Esta conversión de mente es especialmente necesaria en aquellos que lideran: obispos y sacerdotes, padres y maestros, escritores, estudiosos y artistas. El gran trabajo apostólico de nuestro tiempo es lograr una genuina conversión de mente y visión.

Si esto es verdad, surge una pregunta obvia, ¿cómo difiere la actual visión cultural de la visión cristiana? ¿Cuáles son sus descripciones generales? Responder a estas preguntas de manera adecuada demanda un tratamiento mucho más detallado de lo que podemos ofrecer aquí: la confusión de la mente moderna hace difícil un resumen ordenado de su visión, a veces, contradictoria en sí misma y fragmentada, y ningún cristiano puede decir que tiene la palabra definitiva sobre cómo se debería articular la visión cristiana. Pero sería útil notar, aun de manera incompleta, algunas de las líneas más obvias sobre las que el entendimiento de estas narrativas míticas se mueve. Primero consideraremos a la manera de ver cristiana y luego haremos un bosquejo de la visión moderna y progresiva.

Se debe hacer notar que enfatizar la importancia del contexto general narrativo e imaginativo de la fe no es para sugerir que una teología cuidadosa, una filosofía clara, una catequesis detallada y un serio esfuerzo moral carezcan de importancia, sino que es para decir que todas estas actividades esenciales en la vida de la Iglesia encontrarán una expresión completa y tendrán su mejor efecto cuando estén unidas a una visión integral del cosmos.

Concerniente a la manera cristiana de ver las cosas

La cristiandad es la visión más significativa e impactante de lo que significa ser humano entre todas las visiones que jamás se hayan creído y seguido seriamente. El peso de su trascendencia es emocionante y a la vez aterrador. Gran parte de lo moderno huye de la cristiandad cuando esta no se aparta del aburrimiento con una lavada versión convencional de la fe; se le huye precisamente escapando de la seriedad acerca de la existencia que está en el corazón de la visión cristiana: un rechazo al intento de escalar, en Cristo, a lo más alto a lo que todos los seres humanos están llamados.

En la visión cristiana, ser humanos es estar envueltos en una aventura extraordinaria. Las grandes historias de aventuras que jamás se hayan escrito son solo un eco de esto, pálidas sombras de lo que el más humilde de los humanos está verdaderamente experimentando. Este drama se inició antes de que naciéramos y continuará hasta después de la muerte y a cada uno de nosotros se nos ha dado un único rol para desempeñar.

Un aspecto integral de este drama, es que hemos nacido tanto en un mundo invisible como también en uno visible, y el mundo invisible es incomparablemente más real, más duradero, más hermoso y más grande que el visible. Nuestra ceguera hacia ese mundo representa mucho de nuestro predicamento. Estamos atrapados por la ilusión de lo que apenas vemos, necesitamos curarnos de nuestra ceguera. Este drama nos involucra no solo con el tremendo, maravilloso e incomprensible ser de Dios quien nos creó con un propósito definitivo, sino también con una lucha cósmica, con creaturas espirituales, que son más poderosas que nosotros, quienes influencian la vida humana ya sea para el bien o para el mal. Hemos nacido en una batalla y se nos ha dado la terrible y dignificante carga de elegir: debemos decidirnos por uno.

Cada ser humano ha sido creado para un destino magnífico que hace ver al premio más grande de este mundo como nada, un destino de tal altura que la imaginación difícilmente lo puede alcanzar. No existimos solo para conocer lo que es bueno, la alegría, la fortaleza, la duración de la existencia, también hemos sido creados para experimentar lo impensable: para compartir la mismísima naturaleza de Dios, para volvernos, en el lenguaje tan amado por los cristianos orientales, "divinizados." Habiendo sido creados de la materia pasajera del mundo y fusionados con un alma invisible e inmortal, cada uno de nosotros hemos sido creados para ser lo que estaríamos tentados de llamar dioses: creaturas con brillante luz y fortaleza, belleza y bondad, compartiendo y reflejando el poder y la belleza del Dios infinito.

Aun así, nuestro destino es un gran riesgo. De no haber sido por la intervención en nuestra historia del mismo Dios con un tremendo acto de amor y humildad, hubiésemos perdido nuestro destino divino por nuestro propio orgullo y rebeldía. Individualmente y como raza, sostenemos una herida mortal y hemos perdido nuestro propósito original volviéndonos esclavos de malvadas criaturas espirituales que le han dado la espalda a lo bueno y a la luz de Dios y se han deformado llenándose de maldad.

Gran parte de la verdadera historia de la raza humana se ha ocultado; eventos de gran importancia tienen lugar lejos de los ojos del mundo. En muchos órdenes de magnitud, el evento más importante de la historia, fue la venida entre nosotros del mismo Dios en forma humana. Él no solo vino para enseñarnos la verdad, sino también para pelear por nosotros en contra de los poderes de la oscuridad, y habiéndolos conquistado nos revivió individualmente y como raza. El dio su vida como una ofrenda para traernos de regreso de la muerte y para adoptarnos en su propia naturaleza divina. Los poderosos y ricos de esa época no prestaron demasiada atención a este evento, la mayoría no sabían nada sobre el hecho y los que si sabían le dieron poca importancia. Sin embargo, desde ese tiempo este evento resuena en cada rincón del mundo. Este modelo se repite continuamente: en la historia de cada individuo los momentos trascendentes quedan ocultos. La real importancia de la vida humana, no solo con respecto a su destino final sino también con respecto a su influencia en los eventos actuales de la humanidad, es difícil de medir o comparar con lo que es inmediatamente visible.

Al venir a ayudar y a salvar a la humanidad, Dios no solo intervino desde afuera. Él nos confirió la alta dignidad de hacerse uno de nosotros; Él ordenó los asuntos de tal manera que un humano puede tener el honor de vencer a los enemigos de la humanidad. Luego estableció una sociedad en el medio de la oscuridad del mundo, una especie de colonia del cielo en la que habita y con la que se reviste y le dio a todos los que siguieron su liderazgo una parte en su propia vida junto con una gran responsabilidad y notorios poderes para continuar el trabajo de salvar y sanar a la raza humana. Las fortunas de aquella sociedad y la continua historia de Dios llevando a los humanos de la esclavitud a la divinidad es el drama central de la humanidad, compararlo con el crecimiento y la caída de naciones y civilizaciones no es de importancia perdurable.

El mundo visible actual llegará a su fin completo; el mundo invisible, del cual cada uno de nosotros somos parte, permanecerá por siempre. Somos creaturas en una prueba, a quienes Dios por su misericordia nos ha dado la oportunidad de trabajar por nuestra salvación, individual y comunal, con "temor y temblor" (Flp. 2:12). Nuestra gran tarea, toda nuestra existencia aquí, es encontrar y abrazar a nuestro verdadero destino y ayudar a otros a hacer lo mismo, recibiendo y abrazando la ofrenda de misericordia que se nos hizo. Hay dos y solo dos destinos posibles para cada ser humano: ganar la vida que se nos ofreció como miembros de una renovada humanidad y que se nos dio por Dios hecho hombre o alejarnos obstinadamente de esa vida y terminar como un fracaso inmortal. Para cada humano, las dos son posibilidades reales y no se puede evadir la elección: debemos escoger la una o la otra.

Debido a que todavía no estamos donde pertenecemos, no hablando geográficamente o en términos de nuestra creación final, sucede que no podemos estar completamente felices en esta vida. Somos creaturas pasando por una prueba del corazón, esperando llegar a nuestra verdadera casa. Cuando este mundo visible llegue a su final y todo sea recreado, un evento que puede suceder en cualquier momento, habrá una evaluación final de toda la raza humana. Todas las historias se dirán con la verdad, todos los secretos saldrán a la luz y todas las mentiras serán echadas afuera. Será Cristo quien determine quién respondió al regalo del perdón y por lo tanto es digno de "entrar a la vida" para disfrutar del reino de la luz y la inmortalidad. Para aquellos que son dignos, con todas sus heridas que esperaban por la perfección, por la comunión y el amor, por la justicia, por el cumplimiento de las promesas, por la belleza y lo bueno, se verán satisfechos y triunfantes en una danza de alegría y comunión y experimentarán aquello para lo que fueron creados.

Este breve tiempo que se nos da para vivir en la tierra es, a la vez, de un significado inmenso y de poca importancia: poco importante en sí mismo y de gran significado para lo que nos está preparando. Los cristianos toman los asuntos de este mundo ligeramente y a la vez muy seriamente. No se impresionan con la búsqueda de dinero, poder, fama o placeres, tan característico de nuestra humanidad caída; saben que dichas cosas no tienen un significado importante. Pero saben que ocupándose aun de los detalles más pequeños de la vida, están trabajando para su destino eterno. Luchan contra la oscuridad en ellos mismos y abrazan la vida de amor dada a ellos por Cristo; se deleitan conformando su voluntad a la de Él, saben que la obediencia a Él no los limita ni impide su desarrollo, por el contrario los lleva a su verdadero ser, a la libertad y a la plenitud. Viven como exiliados, con esperanza y en la lucha, esperando por el triunfo final de Dios, llenos de gratitud por lo que les ha sido dado, llenos de esperanza por todo lo que se les ha prometido, llenos de amor que se origina en Cristo y hacia los demás que necesitan escuchar la buena noticia de un Dios misericordioso, que perdona y que nos ofrece todo lo que necesitamos. Viven en el mundo visible con lo invisible siempre a la vista; habitan el tiempo reconociendo constantemente que flotan sobre el borde de la eternidad; viven siendo desconocidos mientras esperan ser revestidos con fortaleza e inmortalidad. Ellos ascienden por sus caídas y suben hacia las alturas de la divinidad reconociendo y arrepintiéndose de sus pecados y deseosos, toman el último lugar con Cristo. Batallan con sus mentes usando las vidas de los santos, esos campeones de fe en los que Cristo y la vida nueva que el ofrece, han tenido mayor influencia. Pelean por la verdad y el bien para ganar el reino.

Una vida como esta, caracterizada por el amor a Dios y a los demás, vivida como miembro de la nueva humanidad, sin importar las batallas del sufrimiento, sin importar que tan oscura o difícil o llena de aparentes fracasos esté, es un triunfo que terminará con una corona de bendiciones y belleza. Una vida llena de éxitos materiales y fama, y sin amor, es un fracaso total que terminará en la oscuridad y la decadencia eterna.

NO HAY NADA en la insuficiente descripción previa de la visión cristiana que le de originalidad; no hay dudas de que otros puedan dar una mejor descripción. Lo que es importante para un tiempo apostólico es su narrativa y su carácter mítico. Muy a menudo se presenta la cristiandad a las mentes de los creyentes o buscadores modernos como un conjunto de reglas que se deben seguir, o como un número de doctrinas intocables que se deben aceptar, o como una organización a la que se pertenece. Pero la cristiandad no se presenta con la frecuencia necesaria, como una manera de ver la totalidad de las cosas; hasta podría parecer que las reglas y los dogmas se interponen a la felicidad de los humanos. Para ser apostólicos en la visión (repitiendo un punto ya mencionado) hay que reconocer que los cristianos no ven algunas cosas diferentes a los demás: ellos ven *todo* diferente a la luz del drama extraordinario que han llegado a comprender. Ser apostólicos es hacer mucho más que aceptar un conjunto de verdades doctrinales o preceptos morales, que por cierto son esenciales: es diariamente experimentar la aventura que nace de un encuentro con Cristo, es ver a las personas y a los eventos de cada momento a la luz de esa visión; es verse atrapados por el arriesgado y alegre trabajo de aprender a ser transformados en seres divinos camino al arrebato eterno, en una gozosa aceptación de Dios.

Concerniente a la manera de ver moderna y progresiva

Desde la disolución de la visión de cristiandad no hay una sola visión imaginativa que predomine en la mente occidental; es más bien un caos de partes confusas que no forman fácilmente un todo de manera coherente. Es una manera borrosa y miope de ver las cosas. Sin embargo, existen ciertos temas prevalecientes que han llegado a afianzar muchas de sus variaciones. El hecho de nombrar estos elementos no es para examinarlos filosóficamente o críticamente; es en cambio para identificar los primeros principios asumidos que le dan a la visión su potencial mítico. A los modernos progresivos (lo que en cierto grado quiere decir casi todos nosotros) nos gusta enorgullecernos de nuestra manera racional y científica de ver las cosas. Pero el poder de la visión moderna no está en su precisión científica. Su fuente cautivante no viene de la razón ni de la ciencia sino del utopismo romántico. Los modernos progresivos son, como grupo, notablemente impermeables a los datos genuinos. Primero abrazamos ideales utópicos concebidos en teoría y luego insistimos en que la evidencia encaja en nuestra visión mítica, ya sea igualitaria, feminista, económica, del medio ambiente o sexual.

1. *Fe en progreso*

La visión narrativa general que surgió en el occidente en los siglos XVII y XVIII, tomó algo prestado de la cristiandad, pero al mismo tiempo batalló con su visión, de la cual surgió. Algo de lo más importante que tomó prestado fue la creencia de que la historia estaba "yendo hacia algún lugar." La visión judía de la historia, aceptada y expandida por los cristianos, ha sostenido que el total de la historia humana era una historia con un principio y un fin: no un ruido furioso que no significa nada, sino una narrativa dramática cuyo autor fue Dios. De acuerdo con esa narrativa, la raza humana estaba progresando no solo a través del tiempo, sino también de una condición baja a una más alta: de la nada a seres creados, de creaturas caídas y heridas mortalmente a hijos e hijas de Dios llenos de vida divina, y finalmente, para aquellos que ganaron el Reino, de carne y sangre a una glorificada encarnación espiritual y una participación completa en lo divino. La totalidad de la mente cristiana, de acuerdo a las enseñanzas de Cristo, estaba por lo tanto orientada hacia el futuro. Junto con el apóstol Pablo, los cristianos se estaban olvidando de lo que dejaban atrás y se movían con fuerza hacia el llamado superior de Dios (Flp. 3, 14). En las manos de los iluminados o ilustres, esta visión celestial fue trasformada en una visión terrenal de perfección en tiempo y espacio. Lo que para los cristianos solo podía ser llevado a cabo por Dios en una dramática culminación que marcaría el fin de la historia, ahora podía lograrse solo con el esfuerzo humano y dentro de los confines del tiempo histórico. La perfección de la raza todavía estaba a la vista, pero la manera, las condiciones y el origen de esa perfección habían cambiado por completo. Las visiones de una humanidad en perfecta paz y alegre prosperidad, viviendo en la justicia y practicando las virtudes, no en un "distante mundo lejano" sino aquí y ahora, se les aparecía delante de sus ojos. Esta es la razón por la cual la visión moderna puede llamarse "progresiva".

Esta visión progresiva era mucho más que solamente un deseo de progreso hacia las cosas buenas. Era fe en un ascenso ineluctable de la humanidad hacia una manera de ser mejor y más feliz. La mente moderna, tomada en gran parte de los resultados de la manipulación científica de ciertos aspectos de la vida humana en una esfera limitada y con una imaginación cautivada por teorías de la evolución, llegó a creer que, no solo tecnológicamente (lo que tiene sentido) sino también social y moralmente (lo que no tiene sentido), la raza humana estaba en un necesario curso ascendente. Llegamos a pensar que éramos superiores a nuestros ancestros, no en la rapidez de los medios de transporte o en la diseminación de la información, sino en la integridad de la moral y en la sabiduría sobre los aspectos de la vida no relacionados a la tecnología – y por el simple hecho de haber nacido en otros tiempos. Cada rechazo de una postura moral específica o de una práctica espiritual o del sentido común con frases como "eso es antiguo" o "estamos en el siglo XXI" es una señal de la aceptación inadvertida de la doctrina del progreso. Sin dicha aceptación esas frases serían absurdas, pero nadie piensa que son absurdas debido a que la aceptación de la moral de progreso se ha vuelto universal. Es uno de los primeros principios de la mente moderna.

Traer el deseo de una humanidad perfecta a un tiempo histórico tiene un gran potencial, pero también trae una nueva relación con el mundo. Viendo al mundo como perfectible y siendo nosotros los que logramos dicha perfección, esta visión progresiva ha dado lugar a una gran impaciencia hacia las imperfecciones de todo tipo. En la cristiandad siempre ha sido un ímpetu moral preocuparse y ocuparse de los que sufren: alimentar al hambriento, vestir al desnudo, cuidar al enfermo, aliviar a los ancianos. Estos eran algunos aspectos del mandato de amar al prójimo. En la visión cristiana no se cuestionaba la resolución completa de los problemas de la pobreza, de la enfermedad o de la ancianidad sin la poderosa intervención de Dios; dichas condiciones eran parte de las plagas de la humanidad caída, y solo sus aspectos más visibles. Como algo peor que todo esto estaban el pecado y la separación de Dios, lo que empobrecía a toda la raza humana y de lo cual estas manifestaciones físicas eran solo sus expresiones exteriores. Uno amaba y cuidaba a aquellos en necesidad no porque uno estaba "arreglando el mundo" sino porque ellos eran seres creados por Dios con un destino divino, porque de una manera especial eran representaciones sacramentales de la pobreza, el hambre y la enfermedad de todos y porque hacerlo era una participación mística en el olvido de sí mismo y de la caridad de Cristo obrando a través de su cuerpo.

La preocupación por los pobres y enfermos ha permanecido en la visión progresiva moderna, pero lo ha hecho con una diferencia sutil en su primera expresión que al final acarrea consecuencias serias. Bajo la influencia de una visión utópica de una sociedad perfeccionada por la energía humana, el amor humilde hacia los pobres fue inevitablemente transformado en un orgulloso odio hacia la pobreza; el amor por los enfermos se volvió odio hacia la enfermedad; el amor por los ancianos se dio vuelta hacia un odio por los estragos de la edad; el punto fue llegar a este estado de salud física y social mundano. ¿Qué se haría entonces si hay mucha gente pobre para enriquecer o demasiada gente enferma para la que no hay una cura o muchos ancianos debilitados por el irreversible efecto del paso del tiempo? Por una perversa, pero innevitable lógica la solución ha sido erradicar a los pobres, eliminar a los enfermos y la eutanasia para los ancianos. De acuerdo con la narrativa moderna, el punto es resolver radicalmente los problemas de la humanidad: el sufrimiento es por lo tanto ofensivo y vergonzoso y no se debe enfrentar. Soberbia, en vez de amor, es la raíz de la motivación.

Cuando las líneas generales de la visión progresiva se enunciaron y anunciaron por primera vez, hubo gran esperanza por una transformación radical de la raza humana que ocurriría a la vuelta de la esquina. Fue un nuevo amanecer, una recreación de la humanidad, una ruptura con la oscura historia de la raza. Hubo una emocionante, en retrospectiva demasiado ingenua, confianza en que se podía superar el mal, establecer la justicia, vencer los vicios y llevar a la raza humana hacia la paz y que todo se podía lograr con el esfuerzo de personas vigorosas que tenían las ideas correctas y el conocimiento y las destrezas para implementarlas. Pero el evangelio del progreso no ha dado lo que prometía, excepto en el área en que aumentó la potencia tecnológica humana dando lugar a comodidades físicas y a un mayor poder. Después de los horrores del siglo XX, llegar a la conclusión de que la raza humana esta indiscutidamente mejorando su moralidad es como cerrar los ojos a una montaña de evidencias. La misma lección se ha enseñado a través de la implementación de muchos planes y programas para el mejoramiento social y moral. El masivo intento fallido del comunismo soviético por crear una sociedad perfecta es uno de los ejemplos más evidentes. Aun cuando un bien genuino se logró, ha sido tan poco en comparación con lo que el evangelio progresista prometió que este evangelio ha sido difícil de creer para muchos, excepto para los jóvenes quienes todavía no tienen una experiencia contraria y pueden verse afectados por una embriagadora experiencia similar a la del festival de Woodstock. Estas promesas no cumplidas han dejado a muchos de nosotros en una situación precaria. A menudo, hablamos el lenguaje de la visión progresiva en la política y la economía, en los planes sociales y académicos: es el único que se ofrece. ¿Pero cuántos de los que trabajan en el gobierno o en los servicios sociales o en las academias o en los negocios pueden creer esta retórica? Esto explica la prevalencia de una tipología común entre nosotros: los progresivos bien intencionados pero sin corazón y un poco cínicos. Ya no creen que el mundo esté pasando por una trasformación necesaria hacia el bien pero aun retienen un apego sentimentalista hacia una perdida idea juvenil y todavía desean hacer algo positivo en su camino. El típico moderno progresista ha dejado de soñar grandes sueños y está más ocupado en la construcción de una vida personal con significado y cómoda, mientras hace lo que sea posible para marcar una diferencia de algún tipo en este mundo.

2. *Negación de la caída*

Un contorno especial en la visión progresista moderna es la negación de la caída como parte de la explicación del mal humano. Los cristianos por mucho tiempo han enseñado que la raza humana quedó atrapada en una maldición hecha por sí misma y que una de las principales fuentes del mal del mundo era la herida en cada uno de nuestros corazones, herida causada por la soberbia y el rechazo a Dios. En una oportunidad, G. K. Chesterton respondió a un pedido de ensayos hecho por un periódico de Londres sobre la pregunta "¿Que está mal en el mundo?" con dos palabras: "Yo estoy." Chesterton dijo eso para los cristianos; el primer trabajo y el más importante para hacer del mundo un lugar mejor, es estar atentos a la conversión de uno mismo. La visión progresista en contraste, mientras que es consciente del mal en el mundo, encuentra la fuente de ese mal en otro lugar: no es el resultado de una herida interna en cada humano, sino el mal fruto de la ignorancia, ya sea de las leyes físicas o de las estructuras sociales o de los principios psicológicos. No hay necesidad de enredarse en una batalla continua y humillante para fraguar un nuevo corazón; el mal se puede deshacer y se puede establecer el bien ganando y aplicando el conocimiento requerido.

Habiendo descontado el mal en cada corazón humano y tomando poco tiempo para la idea del mal personal en los seres angelicales caídos, la visión progresiva aún necesita identificar una fuente para la prevalencia del mal activo en el mundo. Esa fuente siempre se ha encontrado en un grupo particular de personas a los que se considera estar en contra de la marcha del progreso humano. Puede ser la aristocracia, o los judíos, o la burguesía, o los católicos, o los homofóbicos, o los reproductores, o los reaccionarios, o los quien sea. Contra ellos estaban los puros, los iluminados, los que estaban "del lado correcto de la historia." Habiendo relegado los demonios a la guardería, cada visión progresiva utópica se encuentra a si misma apremiada por demonizar a alguna parte de sus compañeros humanos. Esto ha causado grandes injusticias y en ciertos tiempos algunos de los tratos humanos más barbáricos de la historia, pero no es visto de esta manera por aquellos que están bajo la influencia del mito progresista. De acuerdo con la visión cristiana, es solamente al demonio a quien hay que oponerse con un odio perfecto; los compañeros humanos deben ser tratados con respeto y aun a los enemigos, sorprendentemente, con amor; ese al menos era el ideal. Bajo la visión progresista, se volvió apropiado odiar a ciertos humanos con el odio perfecto que en un tiempo estaba solo reservado para el demonio. Dicha actitud, expresada en sí misma en eventos como El Terror, los Campos de Concentración (o Gulag por sus siglas en ruso), los edificios donde se hacen abortos, ha sido justificada con la preocupación de hacer cumplir la promesa de perfección ofrecida por la visión progresista. En consecuencia, la negación de la caída inevitablemente lleva consigo una cultura de la muerte, no porque quienes la proponen plantean matar, sino porque el ideal utópico corre en contra de una humanidad dañada fatalmente. Las únicas opciones son o erradicar a aquellos en los que se percibe una debilidad o maldad que previenen la realización del sueño de una nueva humanidad, o dejar el proyecto completamente a un lado.

3. *Marginalizar a Dios*

En sus muchas formas, el mito de la narrativa moderna es constante en esto: marginaliza a Dios como un actor de la historia humana. A veces esto se expresa con una narrativa atea explícita, pero a menudo no lo es. Frecuentemente, la visión moderna no dice "Dios no existe," en cambio dice "Dios no es importante," lo que prácticamente quiere decir lo mismo. Bajo la visión moderna progresista, uno puede intentar razonablemente encontrar el sentido de su propia vida, escoger sus amistades, perseguir sus asuntos amorosos, decidir sobre asuntos de matrimonio y familia, establecer un futuro profesional, ordenar los asuntos del gobierno, establecer y mantener la justicia, manejar los relaciones geopolíticas, determinar lo que está bien y lo que está mal, hacer todo esto, sin recurrir a lo divino, sin consultar al creador de todo quien "sostiene todo con su palabra poderosa" (Heb. 1, 3). La visión moderna envuelve lo que se puede llamar un ateísmo práctico, cualquiera que sea la creencia personal de los muchos que la poseen.

Por lo tanto, bajo la progresiva visión moderna, la religión es instintivamente considerada como un asunto privado. A los estadounidenses les gusta ser religiosos, pero también nos gusta personalizar nuestra religión de acuerdo a nuestras preferencias personales. No estamos interesados en la religión como una descripción de la realidad; es en cambio algo que realza nuestra experiencia y nos ayuda a lidiar con el estrés de la existencia. No estamos buscando a un Señor sino más bien a un terapista. "Si te parece bien," es un dicho razonable bajo ese entendimiento. En caso de que una religión se vuelva una causa de fricción porque sus seguidores dicen que es una verdad universal, surge una inmediata hostilidad. No es una sorpresa que la irresponsable afirmación histórica: "la religión ha sido la mayor causa de guerras en la historia," pueda tomarse en serio por los progresistas modernos. Su aceptabilidad no se debe a su realismo, sino a la manera en que se acomoda y apoya al mito progresista.

Existe una desafortunada derivación por marginalizar a Dios: uno se despierta para encontrar al universo como a un lugar aburrido. Dios es la personalidad sumamente interesante y un mundo que lo hace desaparecer también hace desaparecer su única fuente de animación e interés. Esto explica algo del masivo aburrimiento de la era moderna. Debido a que no tenemos un fascinante y permanente interés que ocupa a todas nuestras mentes y personalidades, necesitamos ser constantemente entretenidos o distraídos. Todas las cosas, aun las más pequeñas, se vuelven interesantes cuando se las ve como un reflejo de la infinita creatividad de Dios que se hace presente en un momento transcendental. Cuando Dios está ausente, nada (ni el arte, tampoco la política, ni los deportes, ni el sexo, ni el dinero, ni siquiera "el hombre más interesante del mundo") puede mantener alejada por mucho tiempo a una aburrida desilusión.

4. *Intoxicación con el mundo del espacio y del tiempo*

Decir que la conversión cristiana es un proceso por el cual una persona despierta a la vida del mundo invisible con todas sus ramificaciones, es como dar una definición a la conversión cristiana. "No ponemos nuestros ojos en las cosas visibles," dice San Pablo, "sino en las invisibles, pues las cosas visibles son pasajeras, más las invisibles con eternas" (2 Cor. 4, 18). Esto es una reiteración de la enseñanza de Jesús sobre acumular tesoros en el cielo donde no hay óxido, ni ladrones, ni polillas (cf. Mt. 6). Lo invisible pero real (Dios, seres angelicales, almas humanas, el trono celestial) guardan el primer lugar en la visión cristiana porque son de mayor importancia. Las cosas que son visibles adquieren importancia solo en lo que revelan y se abren hacia el mundo invisible que las compenetra y las sostiene. Este es el significado de la sacramentalidad. La visión moderna progresista es casi la antítesis de la sacramentalidad. Bajo la visión moderna, constantemente buscamos con ansias incesantes, con inquietud, con esperanza y anhelo, por las cosas que se ven. Aunque en teoría sostenemos que también hay cosas que no se ven, esas cosas no importan demasiado. Estamos distraídos y encantados y consternados por las cosas del tiempo y de los sentidos e intentamos darle sentido a nuestras vidas solamente de acuerdo a la lógica de estas cosas.

En la moderna visión progresista, se vuelve natural considerar a las relaciones humanas y a toda la estructura de la vida diaria en términos políticos. Pensamos que la paz mundial y la contención social se pueden alcanzar si solamente se estableciera una adecuada estructura política y unos programas apropiados. Cuando surge un problema, le buscamos una solución política; intentamos encargarnos de los complejos asuntos humanos estableciendo políticas y protocolos. Vivimos de acuerdo a las encuestas y la publicidad y pensamos que estamos en contacto con las cosas "como son" si miramos muchos programas de noticias.

Bajo esta visión es natural que gastemos miles de millones de dólares en cuidados de salud y que los doctores y psicólogos sean vistos como sacerdotes supremos de la cultura. Es natural que pensemos en la prosperidad económica como el principio y el fin del éxito humano y que consideremos a aquellos que no son prósperos como marginalizados y oprimidos. Es natural que nos sintamos ofendidos por el sufrimiento y que hagamos todo lo que esté en nuestro poder para maximizar nuestras comodidades, aun hasta el punto de insistir en una muerte confortable. Es natural que pensemos que las cuestiones más importantes que enfrentamos tienen que ver con el planeta y su viabilidad. Es natural que estemos obsesionados con la apariencia física y las lujosas trampas del éxito. Es natural que cuidadosamente calculemos, cuántos y que tipo de hijos nos gustaría tener, si es que los tenemos, y de acuerdo a un cálculo de placer inmediato y a menudo tomando la decisión de no tener ninguno o de quedarnos con los que fueron concebidos "accidentalmente," ya que los hijos son exageradamente costosos y causan grandes problemas. Es natural que sostengamos una historia de éxito que se limita a la fecha de nuestro nacimiento y a la de nuestra muerte y que está llena de fotos con amigos interesantes, de carreras exitosas, de relaciones sexuales dinámicas y significativas, de aventuras divertidas y de una era dorada.

Digno de hacer notar en la visión progresista es la pérdida de lo trascendental: la desaparición del juicio final, la falta de sentido de que los humanos están siendo cernidos y están pasando por una prueba que tendrá inmensas consecuencias más allá de esta vida. La visión progresista no permite el infierno, y aunque muchos todavía piensan en, o esperan el cielo, lo hacen de una manera muy vaga o turbia. El único criterio significativo para evaluar el éxito o el fracaso es el que se puede ver: popularidad, poder, riquezas, confort y enriquecimiento personal.

Y debido a que en verdad somos almas inmortales creadas para danzar con un Dios vivo, llamados a un destino eterno que no dejará de perseguirnos, es natural que bajo dicha visión de pequeñez caigamos en una creciente desesperación e intentemos medicar nuestras miserias tomando enormes dosis del verdadero opioide de las masas: los entretenimientos electrónicos.

5. *Libertad para escoger desde la esencia de la dignidad humana y la fuente de la felicidad humana*

En la visión progresista moderna, la "libertad" es una idea encantada. La narrativa moderna es una historia de liberación de fuerzas opresoras. Maximizar la libertad humana es visto como un deber moral obvio y una obvia fuente de felicidad y dignidad humanas. A pesar de la complejidad que el significado de la palabra "libertad" pueda tener, de lo que ha y no ha significado en tiempos diferentes, de cuáles son las muchas, y a menudo, difíciles condiciones para promoverla, cuántas cuestiones difíciles existen y que se deben desenredar en esta frase tan simple: "los humanos están destinados a la libertad," no obstante, en el léxico progresista es una mera palabra que denota una idea simple. Al permitir que cualquier causa, cualquier programa, cualquier actividad o cualquier persona indiquen que están promoviendo la libertad, se asumirá que estamos tratando con algo simplemente bueno. Pensar que algo se interpone en el camino a la libertad, deja claro que se lo debe quitar del camino. Mucho del poder mítico de la visión progresista viene de su afirmación de que están defendiendo la libertad y, que de ese modo, proveen un aumento de la dignidad humana. La libertad es un concepto y un ideal que ha estado en el corazón de la civilización occidental desde sus orígenes entre los griegos y su inserción por la cristiandad. La totalidad de la esperanza cristiana, se ha resumido diciendo que, en Cristo, el humano es libre: de la muerte, de la tiranía diabólica, de las pasiones destructivas, de la ignorancia, y llevado al estado de hijos o hijas de Dios como hombre y mujer libre. Ser un humano libre era el objetivo más alto de la civilización; la educación tradicional en las artes liberales estaba orientada a ayudar a lograr este objetivo. Envuelta en este entendimiento clásico y cristiano de la libertad, estaba la idea de que éramos más libres cuanto más nos convertíamos en lo que estábamos destinados a ser, cuanto más nos acercábamos verdaderamente a la naturaleza que se nos ha dado. Hacerse libres bajo la visión cristiana mítica, era por lo tanto crecer en una imagen particular, una que nos ha dado Dios quien nos ha creado y de acuerdo a la cual encontraríamos la felicidad y la bondad. La libertad por lo tanto, no era un concepto arbitrario, sino una labor con un objetivo. Alcanzar la libertad siempre demandó una disciplina seria y de acuerdo con lo que era bueno, verdadero y correcto. En la visión progresista, la libertad llegó a significar algo diferente: la posibilidad de elegir lo que sea que mi voluntad individual desea en cualquier momento. Soy más libre cuando no hay nada que me impide hacer lo que deseo hacer y seré un humano más feliz, más pleno y más digno cuando soy más libre para escoger mi propia voluntad. Ser autónomo (una ley para uno mismo) es el bien mayor. La persona más digna es quien identifica por sí misma, quien determinada quién y qué (intercambiablemente) él o ella será o no será.

Dicha visión inevitablemente, así sea inconsciente, hace de Dios el gran enemigo de la humanidad. Si hay un orden moral y espiritual que se origina fuera de mí, si hay una intención en mi creación y una naturaleza que se me ha dado, entonces no soy absolutamente libre para ser mi propio creador y mi autonomía está en riesgo. Para proteger esta autonomía, a Dios siempre se lo pone al margen del mito moderno. Si es que existe, él es un principio vago y nebuloso que permite casi una infinita maleabilidad, una especie de miasma espiritual que me permitirá construir mi propio sentido de mí mismo y del mundo a mi alrededor.

La insistencia por la autonomía en la visión progresista ha inducido a una intoxicación con cosas de último momento, cosas que se piensa que se interponen en el camino de la libertad personal. La libertad es para alcanzarse, no con una cuidadosa construcción de las condiciones bajo las cuales los humanos podrían tener la oportunidad de alcanzar su verdadera naturaleza, sino con la ruptura de lazos que mantienen la voluntad individual bajo control. Bajo esta visión, la revolución gana una especie de magia moral como un instrumento privilegiado de libertad; derribar bastiones, ya sea que vienen en forma de norma morales o convenciones sociales o tradiciones religiosas o gobiernos opresivos, es la tarea obvia de la gente seria. Esto explica algo de la peculiar barbarie en gran parte de la modernidad. A pesar de su sofisticación, su brillante retórica y altos deseos por cosas buenas, tiene un centro destructivo. Promete un paraíso social y personal, pero cargado de un falso entendimiento de la humanidad y sus problemas, y pensando que la utopía deseada llegará naturalmente una vez que ciertas restricciones sean derribadas, a menudo también deja a su paso, no un exuberante jardín, sino un rugiente desierto.

6. *Satisfacción del consumidor, la experiencia predeterminada*

A pesar de todos los grandes elementos utópicos en la visión progresista, de todo el poder de su narrativa impresionante, en la práctica provee poco para que el individuo viva el día a día. Después de todo, cada uno de nosotros habitamos un universo propio y necesitamos tener aspiraciones e ideales para nuestro mundo personal. Frases reconocidas como "hacer del mundo un lugar mejor," "ayudando al futuro de la humanidad," y "peleando por la esperanza y el cambio" son muy vagas en su significado y muy flojas en logros para sostenernos. Necesitamos una narrativa más cercana, necesitamos saber que cada uno de nosotros está en el camino que lleva a la realización personal y aquí la visión progresista ofrece poco para nutrirnos. Como resultado la visión predeterminada bajo la que muchos viven es la de la satisfacción del consumidor. Ejercitamos la libertad comprando lo que queremos; encontramos sentido cuando nos mantenemos en la fila para comprar la "siguiente gran cosa", hacemos del mundo un lugar mejor con la construcción cuidadosa de una declaración personal de existencia cuya marca es producida por fuera de las decisiones de consumo que hacemos. Irónicamente, la emocionante proclamación del evangelio progresista de rehacer y perfeccionar la raza humana haciendo desaparecer a Dios y poniendo nuestro destino personal en nuestras propias manos, lleva a muchos de nosotros a terminar haciendo compras en línea en los centros comerciales. "No tenemos nada que perder salvo nuestras cadenas," se ha transformado en "comprar hasta el hartazgo."

Conclusión:
Preparación para abrazar el tiempo que se nos da

¡Caminemos con esperanza! Un nuevo milenio se abre ante la Iglesia como un océano inmenso en el cual hay que aventurarse, contando con la ayuda de Cristo. El Hijo de Dios, que se encarnó hace dos mil años por amor al hombre, realiza también hoy su obra. Hemos de aguzar la vista para verla y, sobre todo, tener un gran corazón para convertirnos nosotros mismos en sus instrumentos.

— PAPA SAN JUAN PABLO II, Novo Millenio Ineunte, 58

LA MODERNA visión progresista está a nuestro alrededor por todos lados, golpeando el hogar incesantemente con todo el poder penetrante de las imágenes electrónicas y la opulencia de los consumidores, pero comparada con la que nos ha dado Dios, es una visión débil y anémica. Desde sus inicios, sus afirmaciones han sido irreales y han sido tan debilitadas por generaciones de experiencias de depresión humana, que ahora solo se puede sostener con la prosperidad económica y la aparente falta de una buena alternativa. El deseo de que la humanidad se podía hacer mejor, en la práctica se ha reemplazado con el deseo de que podemos hacer teléfonos y pantallas todavía mas rápidos y poderosos; el sueño de un mundo perfecto de justicia y libertad esta menguando a unas vagas esperanzas del mejoramiento biotecnológico de los poderes físicos. Gran parte de la actual fortaleza de la visión moderna está en lo inmediato: lo que apela con gran destreza a la inclinación humana de ser distraídos por lo sensual y lo visible. Ofrece poca substancia para los aspectos humanos más profundos: está intelectualmente en bancarrota y espiritualmente empobrecida; por lo tanto no debe ser una causa de intimidación o ansiedad para los cristianos, quienes tienen una manera mucho más convincente de comprender al mundo y una vida más plena para experimentar y para ofrecer a nuestros compañeros peregrinos en este mundo. No es una coincidencia que la mayoría del entretenimiento que ansiosamente buscan las mentes jóvenes tenga que ver con dramas épicos, batallas cósmicas entre poderosas fuerzas espirituales del bien y del mal y en las que el joven héroe o heroína debe poseer un carácter extraordinario, compromiso y el deseo de sacrificarse para salvar al mundo. Lo que la visión progresista tiró por la puerta se escabulló, de muchas maneras, por la ventana. Esto no nos debe sorprender: los que fueron privados de las cosas reales, las buscarán a tientas entre pálidos substitutos.

El Espíritu Santo trabaja en todos los tiempos, incluyendo el nuestro. Si esto es verdad, como nos asegura San Pablo, esa gracia sobreabunda donde abunda el pecado (cf. Rom. 5), podemos esperar una acción del Espíritu Santo especialmente abundante para nuestro tiempo. Nuestra tarea es comprender este tiempo que se nos ha dado, delinear como el Espíritu Santo está trabajando en él y aprovechar la oportunidad de cooperar con él. Que se nos de la sabiduría y el valor para estar a la altura de esta nueva era apostólica en frente nuestro y para que seamos, en nuestra generación, fieles servidores del mensaje salvador y de la vida libre que nos ha dado Jesucristo.

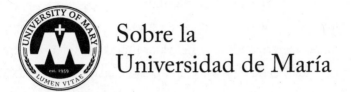
Sobre la Universidad de María

La UNIVERSIDAD de MARÍA es una universidad privada, católica y coeducativa que recibe estudiantes de todos los credos y trayectorias de vida. La Universidad tiene sus orígenes en el Colegio de Enfermería de San Alejo, iniciado por las hermanas benedictinas en 1915. En 1947, estas hermanas establecieron el Monasterio de la Anunciación en Bismarck, una comunidad monástica independiente de la casa madre en Saint Joseph, Minnesota. El colegio de enfermería evolucionó en un colegio de dos años para mujeres y en 1959, las hermanas fundaron el Colegio de María como una institución que ofrecía una diplomatura de cuatro años. La designación de universidad se alcanzó en 1986. La Universidad de María ha sido acreditada por la Higher Learning Commission of the North Central Association of Colleges and Schools (Alta comisión de aprendizaje de la asociación de colegios y escuelas de la región centro norte) desde 1968 y continua bajo el patrocinio de las hermanas benedictinas del Monasterio de la Anunciación.

Desde sus inicios, la Universidad de María ha buscado responder a las necesidades de la gente de esta región y más allá. Las inscripciones crecieron rápidamente de 69 estudiantes a más de 3,000 en la actualidad. La Universidad ofrece más de 50 especializaciones de pregrado, 15 programas de maestrías y cuatro doctorados. Las clases se ofrecen en el campus universitario principal en Bismarck, online, en aulas satelitales en Arizona, Montana, Kansas y North Dakota y en el campus universitario en Roma, Italia.

La Universidad de María educa al estudiante de forma completa para la vida, caracterizándose por el valor moral y el liderazgo en la profesión elegida y el servicio a la comunidad. Cada aspecto de la vida académica está inspirado en los valores benedictinos de comunidad, hospitalidad, moderación, oración, respeto por las personas y servicio.

Siendo una de las universidades privadas de alta calidad más asequible en la nación, la Universidad de María ofrece clases todo el año, una opción única que permite a los estudiantes obtener un diploma de licenciatura en solo 2.6 años y una maestría en cuatro años. Esto reduce los costos de manera significativa y permite a los estudiantes iniciarse en su profesión más pronto. La Universidad de María ofrece un valor educativo excepcional, así como oportunidades de becas extraordinarias y ayuda financiera. Dentro de los seis meses posteriores a su graduación, el 95% de los estudiantes están trabajando o continuando con su educación.

Los estudiantes atletas de la Universidad de María participan en 18 deportes de la división II de la NCAA.